Berufsethik und Grundwerte in Japan

Tamayo Iwamura

Berufsethik und Grundwerte in Japan

Erfolgsgeheimnisse jahrhundertealter Unternehmen

 Springer

Tamayo Iwamura
Tokio, Japan

ISBN 978-3-658-34816-8   ISBN 978-3-658-34817-5 (eBook)
https://doi.org/10.1007/978-3-658-34817-5

Die Deutsche Nationalbibliothek verzeichnet diese Publikation in der Deutschen Nationalbibliografie; detaillierte bibliografische Daten sind im Internet über http://dnb.d-nb.de abrufbar.

Springer
© Der/die Herausgeber bzw. der/die Autor(en), exklusiv lizenziert durch Springer Fachmedien Wiesbaden GmbH, ein Teil von Springer Nature 2021
Das Werk einschließlich aller seiner Teile ist urheberrechtlich geschützt. Jede Verwertung, die nicht ausdrücklich vom Urheberrechtsgesetz zugelassen ist, bedarf der vorherigen Zustimmung der Verlage. Das gilt insbesondere für Vervielfältigungen, Bearbeitungen, Übersetzungen, Mikroverfilmungen und die Einspeicherung und Verarbeitung in elektronischen Systemen.
Die Wiedergabe von allgemein beschreibenden Bezeichnungen, Marken, Unternehmensnamen etc. in diesem Werk bedeutet nicht, dass diese frei durch jedermann benutzt werden dürfen. Die Berechtigung zur Benutzung unterliegt, auch ohne gesonderten Hinweis hierzu, den Regeln des Markenrechts. Die Rechte des jeweiligen Zeicheninhabers sind zu beachten.
Der Verlag, die Autoren und die Herausgeber gehen davon aus, dass die Angaben und Informationen in diesem Werk zum Zeitpunkt der Veröffentlichung vollständig und korrekt sind. Weder der Verlag noch die Autoren oder die Herausgeber übernehmen, ausdrücklich oder implizit, Gewähr für den Inhalt des Werkes, etwaige Fehler oder Äußerungen. Der Verlag bleibt im Hinblick auf geografische Zuordnungen und Gebietsbezeichnungen in veröffentlichten Karten und Institutionsadressen neutral.

Titelbild: Hikone Stellschirm (Ausschnitt). Unbekannter Künstler, entstanden ca. 1624-1644 (Public Domain in Japan). Nationalschatz Japans, gegenwärtig im Besitz des Burgmuseums „Hikone-jo". Ursprünglich gehörte dieses Kunstwerk der Fürstenfamilie Ii. Foto von Tamayo Iwamura.
Fotografien: Tamayo Iwamura

Planung: Irene Buttkus
Springer ist ein Imprint der eingetragenen Gesellschaft Springer Fachmedien Wiesbaden GmbH und ist ein Teil von Springer Nature.
Die Anschrift der Gesellschaft ist: Abraham-Lincoln-Str. 46, 65189 Wiesbaden, Germany

Vorwort

Die Erdbeben und die Folgekatastrophen vom 11. März 2011 in Japan haben wir noch in frischer Erinnerung. In seiner jahrtausendealten Geschichte wurde das Land immer wieder von Naturkatastrophen wie Erdbeben, Tsunami und Taifunen heimgesucht und hatte Kriege und gesellschaftliche Umwälzungen durchzustehen. Allein im 20. Jahrhundert erlebte Japan die Weltwirtschaftskrise, Atombombenabwürfe auf Hiroshima und Nagasaki sowie die Niederlage des Zweiten Weltkrieges. Seit den letzten Jahrzehnten steht das Land im harten Wettbewerb der Globalisierung. Trotz all dieser Katastrophen und Krisen bestehen erstaunlich viele Familienbetriebe seit Jahrhunderten. Laut einem Untersuchungsergebnis (Nikkei BP Consulting, 2020) gibt es derzeit weltweit 80066 Unternehmen, die über 100 Jahre alt sind. 33076 davon (41,3 % der Gesamtzahl) sind japanische Unternehmen. Über 200 Jahre alte Unternehmen zählen weltweit 2051: Davon 1340 (65 % der Gesamtzahl) stammen aus Japan, 239 (11,6 %) aus den USA, 201 (9,8 %) aus Deutschland und 83 (4 %) aus Großbritannien. In Südkorea hingegen, das Land, in dem ich geboren und aufgewachsen bin, ist kaum ein Unternehmen mit jahrhundertealter Tradition. In Korea gibt es eine alte Spruchweisheit: „Ein Familienvermögen kann nicht über die dritte Generation hinaus bewahrt werden." Dies trifft nicht nur für Korea zu; laut einer Studie gelingt es weltweit nur *vier* Prozent der Unternehmerfamilien, das Vermögen über mehr als drei Generationen zu erhalten.

Die Frage, warum in Japan so viele Familienunternehmen über Jahrhunderte hinaus fortbestehen und warum in Korea nicht, beschäftigt mich schon lange. Das vorliegende Buch widmet sich daher der Frage, ob es bestimmte Bedingungen und Grundwerte einer Gesellschaft gibt, die Familienbetrieben zum jahrhundertelangen Fortbestand verhelfen und ökonomische Entwicklungen des Landes fördern. Zu Beginn werden Grundzüge und Besonderheiten der japanischen Gesellschaft im Vergleich zu anderen asiatischen Nachbarländern skizziert. Vor allem werden für die Erbfolge dominierende Prinzipien sowie Bildungsideale in Japan und den Nachbarländern beschrieben, nach denen die Menschen der jeweiligen Gesellschaften streben. Ferner werden die Einstellung zu Geld und Familienvermögen sowie das Eigentumsrecht des Einzelnen dargelegt. In den folgenden Kapiteln werden goldene Regeln und Maximen, die einen wesentlichen Beitrag zum Fortbestehen der Betriebsgemeinschaften leisten, an ausgewählten Beispielen jahrhundertealter Familienbetriebe betrachtet. Dabei werden Besonderheiten der Arbeitskultur und Wertorientierung veranschaulicht, die in den führenden Großunternehmen Japans immer noch grundsätzlich gelten. Schließlich wird auf die Frage eingegangen, ob es im japanischen Kapitalismus eine religiös verwurzelte Tradition gibt, die ethische Grundlagen des Wirtschaftens stärkt und auch auf den Zerfall der Gemeinschaftswerte und auf die Zerstörung der Natur hemmend wirkt. Dieser Fragestellung wird vor dem Hintergrund der Lebenspraxis, Bräuche und

Gedenkfeiern nachgegangen. Die im Westen oft als so geheimnisvoll angesehene Kultur Japans wird dann umso verständlicher, wenn die sozioökonomische Entwicklung im Zusammenhang mit der religiös-weltanschaulichen Tradition erhellt wird. Dieses Buch bietet dem Leser solides Hintergrundwissen über Denken, Handeln und Weltanschauung der Japaner im Wesentlichen. Das tiefere Hintergrundwissen über sozioökonomische Geschichte und Grundwerte in Japan ermöglicht den Lesern, die bereits oder künftig in und mit Japan zu tun haben, einen größeren Handlungsspielraum sowohl im Geschäftsalltag als auch im privaten Gesellschaftsleben.

Mitten in der Corona-Pandemie befinden sich weltweit viele Betriebe in der Existenzkrise. Gerade zu diesem Zeitpunkt können die Erfahrungen jahrhundertealter Betriebe in Japan, die stets um ihren Fortbestand erfolgreich gekämpft haben, gute Anregungen geben.

Eine gewinnbringende Lektüre wünsche ich Ihnen.

Tokio, Japan Tamayo Iwamura
Juni 2021

Inhaltsverzeichnis

1 **Grundlagen der Berufsgesellschaft** 1
Technik oder Wissenschaft 1
Respekt vor dem Handwerk 5
Herrscherstände und Handwerker 6
Reichsbeamte im Altertum 11
Gründer der Schulen im Bereich Kunst und Wissenschaft 12
Arbeitsethos der Wehrbauern 16
Schwurgemeinschaften 18
Samurai-Stand 21
Das Ideal der Vornehmheit im Konfuzianismus 24
Samurai und Konfuzianismus 27
Standesbewusstsein 30
Heirat und Ehescheidung 34
Erbfolge und Adoption 37
Familiennamen und Hauswappen 39
Gewohnheitsregeln 44
Eigenheiten der Bürokratie 47
Konsensbildung 50
Bildung in Terakoya 52
Literatur 57

2 Einstellung zu Geld und Familienvermögen... 59
Wunderglaube an Geldmünzen 59
Exkurs: Tempel und Darlehen in China 61
Reisanbau und Darlehen in Japan 62
Familienvermögen in der Feudalzeit 64
Buchhalter und Verwalter im Fürstenhaus..... 66
Schulden............................. 67
Versetzung der Landesherren............... 69
Samurai-Stand als Soldempfänger 71
Eigentumsgedanke bei Kaufmannsfamilien.... 74
Ackerboden der Bauern................... 75
Eigentumsrechte in der Moderne............ 77
Literatur 79

3 Goldene Regeln in Kaufmannsfamilien 81
Aufbau und Wertorientierung der japanischen Wirtschaft............................ 81
Das höchste Gebot der Familienbetriebe...... 83
Erben in Kaufmannsfamilien............... 84
Frauen in Familienbetrieben 86
Alltag eines Handelsgehilfen 88
Lernbereitschaft........................ 91
Banto: der Generalmanager................ 93
Zweigniederlassungen 94
Betriebssystem im Kaufmannshaus 96
Weitergabe von Markenzeichen............. 99
Unbefristete Anstellung................... 100
Krise und Chance 104
Quelle der Innovation.................... 106
Träger des Gemeinwohls 108
Der Familienbetrieb Mitsui................ 109
   Die Gründung des Betriebs.................... 109
   Prinzipien des Gründervaters Mitsui Takatoshi 112
   Trennung von Familie und Betrieb............. 114
   Das moderne Unternehmensimperium 115
Das Familienunternehmen Sumitomo........ 118

Unternehmergeist im Hause Sumitomo 118
Kerngeschäft in der Krise 120
Geheimrezepte für das Fortbestehen traditions-
reicher Unternehmen 123

4 Religiöse Wurzeln der japanischen Werte 127
Verhaltensnormen und Benimmregeln in
Europa und Japan 127
Verhaltenskodex des Samurai-Standes 129
Harmoniegebot 131
Rechtsbewusstsein 133
Gerechtigkeit 135
Ideale Lösung von Konflikten 138
Einstellung zur Arbeit 139
Ikigai: eine sinnstiftende Tätigkeit 141
Zen und Arbeitsethik 143
Aufrichtigkeit und Genügsamkeit 147
Vorstandsvorsitzender ohne Vergütung 150
Vornehme oder niedere Arbeit 152
Selbstverwirklichung und Haustradition 154
Sprachverhalten 157
Pünktlichkeit 159
Umgang mit den Kunden 161
Geschäftsverbindungen über Jahrhunderte 163
Geheime Wohltätigkeit 164
Geist der Teezeremonie 166
Verbindungen der Kunsthandwerker 168
Klagen des Heiligen Xavier über die Japaner ... 172
Naturreligion 175
Streben nach Verfeinerung 178
Schutzgottheiten der Familie 179
Schutzgottheiten des Gewerbes 182
Literatur 186

Schlusswort 187

1
Grundlagen der Berufsgesellschaft

Technik oder Wissenschaft

Japan bezeichnet sich als Nation der Technik. Seit der Industrialisierung im 19. Jahrhundert gingen viele japanische Ingenieure in die westlichen Industriestaaten und arbeiteten dort in der Produktion, um Erfahrungen zu sammeln. Sie kehrten ohne akademischen Titel, aber mit vielen Erfahrungen nach Japan zurück, kauften Maschinen und leiteten ihre Kollegen in der Bedienung dieser Maschinen an. Bei der Übernahme der westlichen Wissenschaft hat Japan die *Technik* keineswegs vernachlässigt; während im Westen traditionell ein stärkeres Gewicht auf die *Wissenschaft* gelegt wurde – ein Grund, warum Wissenschaftler im Westen ein größeres Ansehen genießen als Ingenieure. Eine ähnliche Denkweise lässt sich auch in China und Korea feststellen, wo die Gelehrten traditionell wie Heilige geehrt und die Handwerker und Ingenieure für Menschen niederer Klasse gehalten werden. Die dortigen Entwicklungen unter-

© Der/die Autor(en), exklusiv lizenziert durch Springer Fachmedien
Wiesbaden GmbH, ein Teil von Springer Nature 2021
T. Iwamura, *Berufsethik und Grundwerte in Japan*,
https://doi.org/10.1007/978-3-658-34817-5_1

scheiden sich von Japan deutlich. Die meisten Studenten aus China oder Korea verfolgen das hohe Ziel, ein Diplom oder einen Doktortitel in ihrem Studienfach zu erwerben. Praktische Erfahrungen zu sammeln, hatte und hat bei ihnen nicht oberste Priorität. Nach dem erfolgreichen Maschinenbau- oder Technologiestudium kehren sie in die Heimat zurück. Dort erhielten sie bis ins letzte Jahrhundert in der Regel wichtige Posten im Regierungsapparat oder in den Führungsetagen der Großunternehmen. Diesen akademisch gebildeten Ingenieuren ist wenig daran gelegen, ihre Kollegen oder die Mechaniker in die westliche Spitzentechnologie einzuweisen. Sie denken und handeln sehr individualistisch und zeigen kaum Interesse an Teamarbeit. Wenn ihnen ein besseres Einkommen angeboten wird, wechseln sie häufig ihre Arbeitsstelle. Ohne die individualistische Denkungsweise wäre die Entwicklung der abendländischen Geisteswissenschaften kaum möglich gewesen. Aber in unserem Jahrhundert wird es immer schwieriger, in den Naturwissenschaften und Technologien ohne die Zusammenarbeit unterschiedlicher Experten umwälzende Forschungsergebnisse zu erzielen oder Erfindungen zu machen. Es ist bezeichnend, dass der japanische Nobelpreisträger für Chemie des Jahres 2002, Tanaka Koichi, dem Forschungslabor eines mittelständischen Unternehmens entstammt und keinen Doktortitel hat. Nach der Verleihung des Nobelpreises wurde Tanaka Koichi von der japanischen Presse gefragt, was er sich nun wünsche. Er antwortete, dass er weiterhin im Labor der Firma mit seinen Kollegen zusammen seine Forschungsarbeit fortsetzen wolle. Interesse daran, eine Professur an einer Universität zu übernehmen, zeigte er nicht. In der Tat haben viele Besitzer und Leiter von Kleinbetrieben in Japan keine eindrucksvollen akademischen Zeugnisse vorzuweisen. Japan verfügt aber in allen Bereichen über große Ressourcen an Ingenieuren mit hohem Wissensniveau und umfangreichen Erfahrungen. Diese Fachleute verstehen es, neue Technologien zu erproben und sie in die Praxis anzuwenden. Es gibt viele erfinderische Ingenieure, aber noch zahlreicher sind die Handwerker in den kleinen Werkstätten, die anspruchsvolle handwerkliche Aufgaben meistern und jeder Anfrage entsprechen können. Das hohe Ansehen der Ingenieure in Japan beruht auf einer langen Tradition, die dem Handwerk seit dem Altertum Achtung und Anerkennung verleiht. In Japan gehen knapp 60 % der gesamten Oberschulabsolventen auf die Universität. Der Rest steigt gleich ins Berufsleben ein. Diese japanischen Jugendlichen und ihre Eltern sind nicht darauf aus, um jeden Preis an der Universität zu studieren. Dabei fanden auch in der tiefen Rezession der letzten Jahrzehnte fast 94 % der Hochschulabsolventen in Japan Arbeit. In jüngster Zeit bekommen die meisten Absolventen sogar mehrere Stellenzusagen und haben die Qual der Wahl.

Der Arbeitsmarkt in Korea sieht im Vergleich dazu ganz anders aus. Das Land verfügt über große Ressourcen an Diplom-Ingenieuren in den technologischen Bereichen und an promovierten Akademikern, aber es mangelt an hoch qualifizierten Handwerkern bei den kleinen Betrieben und Zulieferern, die Anfragen und Anforderungen der Spitzentechnologie vonseiten der Großunternehmen erfüllen können. Die traditionelle Geringschätzung der Handwerker und Mechaniker in Korea rächt sich jetzt bitter. Die koreanischen Handelsdefizite gegenüber Japan, die seit Ende des Zweiten Weltkrieges fortwährend bestehen, beruhen darauf, dass Korea im Kernbereich der Spitzentechnologie immer noch strukturell von Japan abhängig ist. Anfang des 21. Jahrhunderts erkannte die koreanische Regierung diese Mängel und Schwächen und setzte es sich zum Ziel, hoch qualifizierte Handwerker und Mechaniker intensiv auszubilden. Die traditionelle Geringschätzung dieser Berufe sitzt jedoch noch immer tief in den Köpfen der Koreaner. Eine Beamtenlaufbahn oder eine Tätigkeit im Büro gilt als erstrebenswert und wird höher angesehen. In Korea gibt es landesweit etliche Realschulen für Handel, Handwerk und Industrie. Die Eltern der dortigen Schüler schreckt allein schon der Gedanke daran, dass ihre Kinder künftig vielleicht schweiß- und ölverschmiert ihren Lebensunterhalt verdienen müssen. Darum drängen die Eltern die Schulleitung dazu, statt berufsbezogener Praktika die Vorbereitung für die Aufnahmeprüfung an Universitäten anzubieten. In Korea besuchen fast 80 % der Schulabgänger eine Universität. Über die Hälfte der koreanischen Jugendlichen sind jedoch seit Jahrzehnten arbeitslos. Erwerbstätig sind nur 42 % der Jugendlichen im Alter von 15 bis 29 Jahren. 66 % der Hochschulabsolventen eines Jahrgangs steigen ins Berufsleben ein (Stand 2017). In den 1960er-Jahren wurden zahlreiche Gastarbeiter aus Korea zum Bergbau nach Deutschland angeworben. Viele von ihnen waren Hochschulabsolventen, die keine passende Beschäftigung im eigenen Land finden konnten. In den letzten fünfzig Jahren hat sich die Situation der Hochschulabsolventen im Wesentlichen nicht viel verbessert. Viele von ihnen versuchen vergeblich, die Beamtenprüfung zu bestehen, die alljährlich stattfindet. Diese Prüfung kann man so oft wiederholen, bis man endlich Erfolg hat. Während dieser Zeit gilt der Hochschulabsolvent dann gesellschaftlich als „Beamtenanwärter" und wird traditionell so akzeptiert, auch wenn er durch das mehrmalige Absolvieren des Prüfungsverfahrens viele Jahre vergeudet. Ob und wann Handwerker und Ingenieure in Korea endlich gesellschaftlich die ihnen gebührende Anerkennung und Wertschätzung erfahren werden, ist fraglich.

Respekt vor dem Handwerk

Am 13. Juni 2010 kehrte eine Raumsonde der japanischen Raumfahrtagentur JAXA namens „Hayabusa (Wanderfalke)", die am 9. Mai 2003 zum Asteroiden Itokawa gestartet war, in die Erdatmosphäre zurück. Die Sonde hatte ihr Ziel erreicht und dort Bodenproben genommen, ihr Rückflug aber verzögerte sich wegen diverser technischer Probleme um drei Jahre. Es war immerhin die erste Rückkehrkapsel in der Raumfahrtgeschichte, die nach einer zwei *Billionen* Kilometer weiten Reise bestückt mit Bodenproben wieder auf der Erde landete. An diesem Projekt nahmen 118 Forschungsinstitute, Universitäten und Unternehmen teil. Bei dem kleinsten beteiligten Betrieb, Shimizu Kikai aus Tokyo, handelt es sich um eine Werkstatt für Maschinenbau mit nur vier Arbeitern im Durchschnittsalter von 65 Jahren, die seit über dreißig Jahren zusammen mit anderen Kleinbetrieben an der Herstellung der Rückkehrkapsel arbeitete. Das Ministerium für Bildung, Kultur und Technologie sowie die Behörde für Raumfahrttechnologie haben nach Abschluss des Projekts allen Beteiligten eine Dankesurkunde verliehen. Dies ist ein Beispiel dafür, dass die japanische Gesellschaft nicht nur vor Forschern und Wissenschaftlern der großen Institute, sondern auch vor Maschinenbauern der ganz kleinen Betriebe großen Respekt hat. Eine Kurzmeldung aus einer Zeitung veranschaulicht dies: „Kaiser Akihito machte gestern eine Visite bei einem Betrieb im Stadtviertel Ota-ku in Tokyo." Kaiser Akihito, der 2019 abgedankt hat, befasste sich neben seinen Amtspflichten mit der Forschung im Bereich Meeresbiologie. An dieser Meldung ist zweierlei erstaunlich: erstens, die Tatsache, dass sich der Kaiser für die handwerkliche Arbeit interessiert und trotz seiner vielen hundert Verpflichtungen im Jahr Zeit für diesen Besuch findet, und zweitens, dass der Betrieb, den der Kaiser für seine Visite ausgewählt hat, kein Großunternehmen ist. Es handelt sich vielmehr um einen Kleinbetrieb mit knapp zwanzig Mitarbeitern, in welchem feine Sprungfedern aus hauchdünnem Metallfaden im Durchmesser von 0,06 *Millimeter* für medizinische Anwendungen und Halbleiter hergestellt werden. Man kann sich leicht vorstellen, wie sehr die kaiserliche Visite die ganze Belegschaft in diesem Betrieb ermutigt haben mag. Alle sind stolz auf ihre Arbeit. Auch der verstorbene Kaiser Hirohito besuchte nach dem Ende des Zweiten Weltkriegs bis ins hohe Alter zahlreiche Werkstätten im produzierenden Gewerbe. Ein traditionsreicher Porzellanhersteller auf der Insel Kyushu, der sich mehrmals kaiserlicher Visiten in seiner Werkstatt erfreuen konnte, stellt heute noch den Sessel, auf dem der Kaiser Platz genommen hat, als ehrwürdige Kostbarkeit zur Schau. In der Fotogalerie des Hauses sieht man, wie sich die Familienangehörigen und die gesamte Belegschaft ehrfürchtig vor dem Kaiser verbeugen. Die Besuche des Kaisers in der Nachkriegszeit wurden damals als moralische Unterstützung und Ermutigung für die kriegsgeschädigte Bevölkerung verstanden. Doch es waren nicht nur die beiden Kaiser, die sich besonders für Handwerk und moderne Technologie interessierten. Das Interesse an den Handwerkerzünften war im Hochadel seit Jahrhunderten vorhanden.

Herrscherstände und Handwerker

Der hohe Respekt vor dem Handwerk in der japanischen Gesellschaft ist eine Besonderheit, die in anderen asiatischen Ländern kaum anzutreffen ist. In der langen Geschichte Japans waren die chinesischen Einflüsse hinsichtlich der politischen und ästhetischen Wertorientierung besonders beim Hochadel unübersehbar. Die Einstellung des japanischen Hochadels gegenüber den Handwerkern war jedoch grundverschieden von derjenigen der Herrscherstände in China und Korea. Im 6. Jahrhundert wurde der Kontakt mit dem Kontinent enger, und zahlreiche Einwanderer kamen nach Japan. Sie brachten neben Kanji-Schriftzeichen, konfuzianischen Schriften, dem Buddhismus und dem Kalender auch fortschrittliche Technik mit ins Land. Auf Einladung des Kaiserhofes kamen im Jahr 578 drei auf Tempelbau spezialisierte Zimmermeister aus dem koreanischen Königreich Bekze (auf Japanisch: Kudara). Sie bauten den Horyuji-Tempel (Weltkulturerbe) und den Shitennoji-Tempel, die zu den ältesten Holzbauten zählen. Die Nachkommen dieser Zimmerleute gründeten das Bauunternehmen Kongogumi, das in Japan mit seiner 1400-jährigen Geschichte gegenwärtig als das älteste Bauunternehmen besteht, bei dem 110 Zimmermeister tätig sind. Die Einwanderer aus dem Kontinent wurden meistens nach ihrem Herkunftsort genannt. Einige Familien erhielten aber auch ihre Berufsbezeichnung als Familiennamen. Schriftkundige Einwanderer wurden Chronist und Schreiber am Kaiserhof, und die Handwerker waren bei den Reichswerkstätten beschäftigt. Sie stellten diverse handwerkliche Produkte für Hofzeremonien und Feierlichkeiten her. Handwerker und Künstler, wie etwa Weber, Schmiede, Tischler, Töpfer, Zimmerleute, Musiker, Tänzer und Schamaninnen, lieferten dem Kaiserhof ihre Produkte und Dienstleistungen beim Hofzeremoniell. Dafür wurden ihnen verschiedene Privilegien gewährt: abgabenfreie Reisfelder, Betriebszulassungen, Befreiung vom Frondienst, Freizügigkeit und Mautbefreiung.

Die Adeligen im Kaiserhof waren seit dem Altertum selbst Autoritäten in den jeweiligen Bereichen der Kunst-

und Handwerkerzünfte. In Japan existiert ein von einem hohen Adeligen geschaffenes Gemälde, das verschiedene Berufsgruppen der früheren Zeit darstellt. Eine Erläuterung dieses Gemäldes verfasste Kaiser Hanazono Tenno (1297–1348) persönlich, der mit Dichtkunst und Zen sehr vertraut war. Dies besagt, dass sowohl der Kaiser als auch der Hochadel am Kaiserhof an der Arbeit der Handwerker und produzierenden Gewerbe überaus interessiert waren. Die Zahl der Ämter im Kaiserhof war begrenzt, und so mussten viele Adelsfamilien ohne Ämter mit immer kümmerlicheren Abgaben aus Lehen ihr Leben fristen. Zur Aufbesserung des Haushaltseinkommens verliehen diese Adelsfamilien mit Erlaubnis des Kaiserhofes die Lizenzen für Handwerksgewerbe und erhielten reichlich Entgelt. Es war eine der wichtigen Einnahmequellen für sie. Bis zum 13. Jahrhundert standen Handwerker, Kaufleute, Hofmusiker und Wandertheatergruppen sowohl unter besonderer Obhut des Kaiserhofes als auch im Dienst der Reichstempel und Schreine. Bis zum späten Mittelalter besaßen die Angehörigen dieser Berufsgruppen den gleichen Rang und Status wie der Samurai-Stand. Im 14. Jahrhundert entwickelten sich diverse Handwerksgewerbe, insbesondere im Bereich Lackkunst, Tuchwirken und Papierherstellung. Das Seidentuchwirken verbreitete sich in der Kaiserstadt Kyoto, das Stadtviertel Nishijin ist bis heute das Zentrum der Seidentuchproduktion. Im 15. Jahrhundert nahmen Handel und Handwerk immer größere Ausmaße an und differenzierten sich aus. Landesweit entstanden die herkömmlichen Gewerbe: Sake-Brauereien, Töpfereien für Keramik und Porzellan, Salzwerke, Holzhandel, Sägewerke für Tempel- und Schiffsbau, Gusswerke für Tempelglocken und Gebrauchsgegenstände (Kochtöpfe für Reis) sowie Schmiede für Rüstungen der Samurai. Vor allem die Guss- und Schmiedewerke für die japanischen Schwerter waren das wichtigste Metallgewerbe. Der Bedarf an Schwertern war nicht nur im japanischen Binnenmarkt groß, sondern auch im chinesischen. Das Schwert war damals der wichtigste Exportartikel. Ab 1400 lösten sich Gilden und Zünfte, die über Jahrhunderte hinaus eine enge Verbindung mit dem Kaiserhof und den Reichsstempeln pflegten, allmählich von deren Protegieren. Die Produktion richtete sich jetzt nicht mehr nur nach dem Bedarf der großen Auftraggeber, wie Schreine, Tempel und Kaiserhof, sondern auch nach dem der Bauern und Fischer. Dementsprechend nahm die Zahl der Handwerker und Kaufleute rasant zu. Die einzelnen Handwerker schlossen sich im frühen Mittelalter zu neuen Vereinigungen zusammen, die zur Kontrolle, Planung und Lenkung der gewerblichen Produktion dienten. Durch sie wurden Qualität, Absatz und Verdienst geregelt, ebenso kümmerte man sich dort um das Berufsethos, die Ausbildung und Sozialfürsorge.

Im 16. Jahrhundert vereinheitlichte der Reichsverweser Toyotomi Hideyoshi landesweit die Messeinheiten und schaffte eine Handelsbasis mit einem überregionalen Marktsystem. Zeitgleich entwickelten die Kaufleute eine dicht vernetzte Infrastruktur für Handel, Geldverkehr, Logistik und Transport der Waren insbesondere in der Küstenschifffahrt. Die Bildung von Städten setzte vor allem mit der Entwaffnung der Wehrbauern und der Vermessung sowie Registrierung der Reisfelder im 16. Jahrhundert ein. Im folgenden Jahrhundert entstanden landesweit Städte als Regierungssitze der zahlreichen Fürstentümer. Die Handwerker der Neuzeit, die meist aus wohlhabenden Bauernfamilien stammten, belieferten Fürstenhöfe und den Samurai-Stand. Genau wie im Altertum zeigten auch die Herrscherstände in der Neuzeit großen Respekt und Anerkennung vor den Leistungen der Handwerkszünfte, auch wenn diese in einer Ständegesellschaft unter ihnen standen.

Eine kleine Episode mag beispielhaft hierfür sein: Tokugawa Ieyasu, der Gründervater des Tokugawa-Shogunats (1603–1867), hatte einen Zimmermann, Nakai Yamato, der in einem großen Bauprojekt seiner Zeit eine herausragende Leistung erbracht hatte, zum Adel hohen Ranges gekürt und ließ ihn im Feldzug wie einen hohen Feldherrn ausstatten und begleiten. Der stattliche Auftritt dieses Zimmermanns sprengte das gängige Bild eines Handwerksgesellen. Die Auszeichnung war dem Zimmergesellen jedoch nur auf Lebzeit verliehen, dies bedeutete, dass der Hausberuf seiner Nachkommen nach wie vor Zimmergeselle war. Hervorragenden Handwerkern, wie etwa Töpfermeistern und Meistern des Schmiedehandwerks, wurden von den Landesfürsten Ehrentitel verliehen. Der Meister des Schmiedehandwerks wurde wie ein Geistlicher des Shinto-Schreins oft hoch angesehen und verehrt. Auch wenn der Ehrentitel nicht direkt mit finanziellen Vorteilen verbunden war, brachte er doch Ruhm und Ansehen für das Handwerkerhaus mit sich. Um sich einen guten Ruf zu erwerben, widmeten sich die Handwerker ihrem Beruf mit vollkommener Hingabe. Seit eh und je herrschte unter den Handwerkern harte Konkurrenz, dies führte wiederum zur Innovation und Perfektion der Produktionstechniken. Den Handwerksmeistern im Land Satsuma (heute Kagoshima auf der Insel Kyushu), die das Fürstentum mit Porzellan belieferten, wurden die Pfründen verliehen und sie wurden praktisch wie regierungsangehörige Samurai behandelt. In der Neuzeit verdoppelte sich die Zahl der verschiedenen Berufsgruppen. Damals wurde den Landesherren nahestehenden Kaufleuten und Handwerkern erlaubt, öffentlich das Schwert zu führen und beim Ausgang Lampion und Truhen mit Hauswappen des jeweiligen Landesherrn zu benutzen.

Reichsbeamte im Altertum

Japan hatte im Altertum den Konfuzianismus und dessen Herrschafts- und Bildungsideale in die Zentralbürokratie übernommen. Die japanische Zentralbürokratie unterschied sich jedoch von der chinesischen in vielen Aspekten. Vor allem das Staatsexamen zur Rekrutierung der Beamten, das in China bis 1905 und in Korea bis 1897 in Kraft war, wurde in Japan im Altertum nicht eingeführt. Japan hatte ein eigenes System. Die Ämter der japanischen Kaiserregierung waren seit alters stets in den Händen der großen Geschlechter. Die Kinder der mächtigen Geschlechter erbten die Ämter ihrer Väter. Die Familiennamen der Adeligen waren ursprünglich die Posten- und Berufsbezeichnung. Zur Ausbildung der Reichsbeamten wurde Anfang des 8. Jahrhunderts eine Hohe Akademie (Daigaku) errichtet, und in den Provinzen entstanden ebenfalls entsprechende Einrichtungen für Regionalbeamte, welche die Kinder aus adeligen Familien besuchten. In den Akademien gab es anfangs nur zwei Grundfächer: Mathematik und Kalligraphie. Während des 8. Jahrhunderts bestand das Grundstudium in der Verwaltungsakademie aus vier Fächern: Klassische chinesische Philologie, Jurisprudenz, Kalligraphie und Mathematik. Die Ausbildung dauerte neun Jahre. Alle zehn Tage fand eine Prüfung statt und an jedem Monatsende sowie zum Abschluss ein Staatsexamen. Abhängig von den Noten der Examina wurden die Beamtenposten vergeben. Die anhand des Examens zu verteilenden Posten waren allerdings niedriger als die erbamtlichen. Bereits Anfang des 10. Jahrhunderts war es jedoch nicht mehr möglich, allein durch gute Noten im Staatsexamen eine Karriere am Kaiserhof zu machen. Eine gute Ausbildung in konfuzianischen Klassikern war nur noch ein Zeichen der „Vornehmheit". Dagegen beschäftigte sich in China, vor allem in der Ära der Sung-Dynastie (960–1279), nach wie vor der gesamte Beamtenstand mit eingehender Lektüre der konfuzianischen Klassiker. Denn die Bildung im Bereich Klassischer Philologie wurde dort bei allen Anwärtern auf eine Laufbahn als Staatsbeamter vorausgesetzt. In Japan wurde die konfuzianische Lehre aus der Sung-Dynastie im 13. Jahrhundert vorwiegend im engen Kreis der Hohen Priester der Zen-Schule gepflegt. Bis zum Zerfall des Tokugawa-Shogunats 1867 war bei den Amtsanwärtern für den Verwaltungsdienst eine herausragende Leistung in Mathematik und Kalligraphie obligatorisch. Alles Fachwissen wurde in der Praxis am Dienstort vermittelt und erworben. Die Kalligraphie gilt seit Jahrtausenden als eines der wichtigsten Kriterien zur Beurteilung von Persönlichkeit und Charakter. Auch im 21. Jahrhundert wird das Dokument zur Amtsübergabe zwischen dem ausscheidenden und dem neuen Minister grundsätzlich immer noch mit Pinsel und Tusche unterschrieben. Und auch alle wesentlichen Staatsdokumente werden vom Kaiser selbst eigenhändig in Pinsel und Tusche unterzeichnet und besiegelt. Bereits in der Grundschule finden Kalligraphie-Stunden statt. Außerdem gibt es landesweit unzählige Kalligraphie-Schulen, obwohl man im Alltagsleben zumeist mit dem Computer schreibt. Eine schöne Handschrift mit Pinsel und Tusche ist nach wie vor ein Zeichen guter Bildung und Vornehmheit.

Gründer der Schulen im Bereich Kunst und Wissenschaft

Im ausgehenden 12. Jahrhundert hatten die Adeligen, die traditionell eine Professur an der Hohen Akademie innehatten, ausgehend von ihrem Beruf und Fachwissen eine eigene Schule etabliert und die Lehrtätigkeit als ihren Hausberuf bestimmt. Im Laufe des Mittelalters entstanden auf diese Weise zahlreiche Schulen: Auf dem Gebiet Literatur und Verfassen von Dokumenten hatte die Familie Sugawara eine führende Position, in der Mathematik die Familien Iehara und Okura, in der Medizin die Familien Tanba und Wake, in der klassischen chinesischen Philologie die Familien Nakahara und Kiyohara, in der japanischen Dichtkunst der Hochadel Nijo und Reizei. Zwischen dem 14. und 16. Jahrhundert gestaltete und entfaltete sich die japanische Kultur frei vom chinesischen Einfluss eigenständig. Während des Kriegerischen Jahrhunderts (1477–1573) tobten in der Kaiserstadt andauernd Aufstände, die Adeligen suchten daher Zuflucht in den relativ friedlichen Provinzen. Dadurch verbreitete sich die Hofkultur auch in den Provinzstädten, und die wohlhabenden Kaufmannsfamilien auf dem Land kamen mit der Hofkultur in Berührung. Die Anfänge der traditionellen Künste, wie etwa das Noh-Theater oder die Teezeremonie, reichen bis in diese Jahrhunderte zurück.

In Anlehnung an den Hausberuf bildete sich in den folgenden Jahrhunderten ein Berufssystem der Gründerfamilie (Iemoto-seido) in Kunst und Wissenschaft. Ursprünglich wurde das mit dem Hausberuf verbundene Fachwissen vom Vater nur an einen Nachkommen übermittelt. Noch heute genießen die Gründerfamilien in den bildenden und darstellenden Kunstgewerben hohes gesellschaftliches Ansehen: Blumenarrangement (Kado), Teezeremonie (Sado), Wehrkunde (Budo), Kunst der Duftmischung (Kodo), Kalligraphie (Shodo), Gartenarchitektur, Tanz, Zeremonielles, Hauswappen und Kostüm, Schule für Saiteninstrumente, Schule für traditionell japanische Schachspiele (Igo und Shogi). Für die konfuzianische Philosophie seit dem 17. Jahrhundert gelten die Familien Hayashi und Ito als Autorität. In der zweiten Hälfte des 17.

Jahrhunderts wurden von Samurai auch Dutzende Schulen für Wehrkunde gegründet. Der legendäre Schwertkämpfer Miyamoto Musashi (1584–1645) rief die Schule für Wehrkunde Niten-ichiryu ins Leben. Auch im religiösen Bereich wurden führende Schulen im Shintoismus und im Buddhismus vom Shogunat autorisiert. Für das gesamte Shinto-Schreinwesen standen der Hochadel Shirakawa und die alte Wahrsagerfamilie Yoshida als Gründer und höchste Autorität ihrer jeweiligen Schule in Konkurrenz. Die Lizenz konnte gegen Spenden, die je nach Zugehörigkeit einer der beiden Familien zu entrichten waren, an einen Shinto-Priester vergeben werden. Amt und Funktion des Shinto-Priesters wiederum wurden als Hausberuf vererbt, so dass ein Sohn eines amtierenden Shinto-Priesters den Posten von seinem Vater übernahm. Vor allem aber unterstanden Abertausende Schreine im ganzen Land der Familie Yoshida, Stifter des Yoshida-Shintoismus. In der Tokugawa-Zeit war der Einfluss der Familie Yoshida enorm in Bezug auf die Organisation der Glaubensgemeinden, die Pilgerfahrt und die Vergabe der Ehrentitel für Gottheiten. In Japan besitzen die Gottheiten auch im Schreinwesen Rang und Klasse.

Auch im buddhistischen Tempelwesen, vor allem in der Jodo-shinshu-Schule, war seit dem 13. Jahrhundert das Priesteramt immer ein Erbposten. Da den Priestern dieser Schule die Ehe erlaubt war, durften sie eigene Familie gründen. Zwischen dem Honganji-Tempel und seinen Filialtempeln besteht bis in die Gegenwart unverändert eine straff organisierte Hierarchie. Dazu gehört auch, dass den Filialtempeln allerlei Tribute gegenüber dem Haupttempel auferlegt wurden. Der Honganji-Tempel verleiht allen seinen Filialtempeln Lizenzen und verfügt den Inhalt der Glaubenslehre. Seit dem Mittelalter müssen die Priester der Filialtempel der Honganji-Schule am Todestag des Ordens-

1 Grundlagen der Berufsgesellschaft

stifters Shinran (1173–1262) seine Gedenkstätte besuchen, ebenso zum Jahresbeginn, zum Obon-Fest im Sommer und an Tagundnachtgleichen im Frühling und Herbst. Der amtierende Priester eines Filialtempels war der Hausvorstand, dessen männliche Verwandte fungierten als Mönche, die Hausbediensteten als Laienbrüder dieses Tempels. Nach dem Tod des Priesters wurde dessen Sohn Hausvorstand und Hauptpriester des Tempels.

Seit Ende des Zweiten Weltkriegs besteht das Recht auf freie Berufswahl, aber die meisten Nachkommen der Gründerfamilien nehmen den Hausberuf weiterhin an. Der Nachwuchs eines Shinto-Schreins lässt sich normalerweise an einer der Shinto-Universitäten ausbilden und wird Shinto-Priester des abgestammten Schreins. Die Nachkommen der buddhistischen Tempel übernehmen ebenfalls nach dem Studium an einer der buddhistischen Universitäten das Priesteramt eines Tempels. All diese Gründerfamilien widmen sich seit jeher mit religiöser Hingabe ihrem Hausberuf, den sie auch als ständige Umsetzung des Glaubens (Do) bezeichnen, der alle Bereiche durchdringt. Auch in der Gegenwart sind die Gründerfamilien wichtige Funktionsträger auf dem Gebiet der Kunst und Kultur. Der Hausvorstand einer Gründerfamilie ist die höchste Autorität aller Schulen des Fachbereichs. Zwischen der Gründerfamilie einer Schule und deren Filialschulen besteht heute noch ein streng hierarchisches Verhältnis. Zum Beispiel bildet die Schule für Blumenarrangement (Kado) Ikenobo, die seit der Gründung im 15. Jahrhundert über 500 Jahre hinweg in Kyoto existiert, heute jährlich mehr als zehntausend Schüler aus. Nach der Ausbildung erhalten die Schüler eine Lizenz, die es ihnen erlaubt, als Lehrer in der jeweiligen Disziplin tätig zu sein. Erwähnenswert ist vor allem die Exklusivität des Establishments in Japan, das sich aus den zahlreichen Gründerfamilien und der Oberschicht zusammensetzt. Insbesondere in den Kreisen der Gründerfamilien der traditionellen Kunstbetriebe und in den Schulen für Wehrkunde sind immer noch eine sehr strikte Hierarchie und Rangordnung allgegenwärtig. Das Verhältnis der Schüler zu den Lehrern und höchsten Autoritäten ihrer Disziplinen, sei es in einer Teeschule oder einer Judo-Schule, ist mit dem im Militärwesen vergleichbar.

Arbeitsethos der Wehrbauern

Im Altertum hatte die Kaiserregierung nach dem Vorbild der chinesischen Rechtsordnung Land und Volk der Herrschaft des Kaisers unterstellt. In dieser Zeit wurde das Registerbuch der Bevölkerung eingeführt, das als Grundlage für die Erhebung der Abgaben und Leistungen diente. Demnach war das Volk verpflichtet, Abgaben (Reis und regionale Produkte) und Frondienste zu leisten. Die Leistungen wurden immer aufgrund der Höhe der Reiserträge berechnet. Der Ackerboden war damals nur das Nutzeigentum eines Bauern. Wenn er starb, musste sein ausschließliches Nutzungsrecht auf das Ackerland an das Reich abgetreten werden. Die erwachsenen Männer hatten regelmäßig für eine gewisse Zeit einen Frondienst in der Kaiserstadt zu leisten. Während der Frondienstjahre wurden sie jedoch von den Abgabenpflichten befreit, die Unkosten für An- und Rückreise mussten sie allerdings selbst tragen. Im Laufe der Zeit stieg die Bevölkerungszahl drastisch, aber die Erschließung neuer Reisfelder hinkte dem Bevölkerungswachstum hinter. Die Kaiserregierung konnte aufgrund des Mangels an Ackerboden nicht mehr wie in der Rechtsordnung vorgesehen jedem das gewünschte Ackerland zuteilen. Bereits Ende des 8. Jahrhunderts bröckelte die zentralistische Herrschaft der Kaiserregierung. Die Abgabenforderungen wurden immer rigoroser, gleichzeitig griff die Landflucht der Bauern um sich. Die landlosen Bauern flüchteten zumeist in die Reichstempel, wo sie allerlei Dienste leisteten. Die Reichstempel konnten mithilfe der geflohenen Bauern neue Felder erschließen. Die neuen Äcker waren für die Reichstempel neben den vom Kaiserhof verliehenen Pfründen eine wichtige Einnahmequelle. Die führenden Reichstempel, wie zum Beispiel Enryakuji und Koyasan, bildeten aus den landflüchtigen Bauern auch bewaffnete Mönchtruppen, die sie zum Kampf gegen die Kaiserregierung und gegen rivalisierende Tempel einsetzten.

Das Ostgebiet Japans war damals noch allerorten Brachland, überall gab es dichte Urwälder, und die Region war nur dünn besiedelt. Die landflüchtigen Bauern ließen sich auch hier nieder und erschlossen auf eigene Faust große Reisfelder. Die Landflucht löste landesweit Unruhen aus. Um das 10. Jahrhundert begannen sich Bauern und Großlandwirte landesweit mit Schießbogen und Schwertern auszurüsten. Die Wehrbauern setzten sich für ihr Lebensziel, eigenes Ackerland, mit allen Kräften ein und kämpften tapfer gegen sämtliche Hindernisse. Außerdem wehrten sie sich gegen die Forderungen der Kaiserregierung nach Abgaben und Frondiensten. Die bewaffneten Großlandwirte im Ostgebiet erlangten über Verhandlungen mit den Präfekten des Kaiserhofs Autonomie in ihren Gebieten. Im Gegenzug verpflichteten sie sich jedoch zu Abgaben und Frondiensten gegenüber der Kaiserregierung. So wurden sie Eigentümer und Herren ihrer Reisfelder.

Das Alltagsleben der Wehrbauern war in Friedenszeiten mit dem eines normalen Bauern vergleichbar. Sie lebten einfach und bescheiden. Bis zum späten Mittelalter gab es gewöhnlich nur zwei Mahlzeiten am Tag. Wenn ab und zu auf der Jagd mit dem Bogen Hasen, Wildschweine, Bären oder Rehe erlegt wurden, kam Fleisch auf den Tisch. Die

Wehrbauern übten sich stets in Wehrkunde, wie etwa im Reiten, Bogenschießen und in der Handhabung der Schwerter. So konnten sie jederzeit als Krieger ins Schlachtfeld ziehen. Aus der Wehrbauernschicht gingen in den folgenden Jahrhunderten Krieger (Samurai) und Großfeldherren (Daimyo) hervor.

Einer der Grundwerte der japanischen Gesellschaft basiert auf den Handlungsmaximen und der Werteorientierung dieser Wehrbauern und Krieger im frühen Mittelalter. Und noch in unserem Jahrhundert prägen die Handlungsmaximen der Wehrbauern das Alltagsleben. Die im Alltag sehr häufig gebrauchte Redewendung für vollkommene Hingabe und vollen Einsatz „Isshokenmei" („dem selbst erschlossenen Ackerland das Leben widmen") rührt von diesem historischen Hintergrund her. Dieser Spruch ist alltäglich fast in allen Lebensbereichen zu hören, in der Schule, Arbeitswelt und auch im Sport. Dies ist ein wesentlicher Unterschied der japanischen Gesellschaft und Kultur zu den konfuzianisch geprägten Nachbarländern in Asien, wo die Werte und Ideale des Gelehrtenstandes die Gesellschaft beherrschen.

Schwurgemeinschaften

Im Laufe der Zeit bildeten sich um die Großlandwirte Clans, die als regionale politische Macht tätig waren. Die Clans bestanden zunächst aus Blutsverwandten, allmählich aber schlossen sich ihnen neu niedergelassene Wehrbauern an. So entwickelten sich die Sippenverbände zu eingeschworenen Gemeinschaften. Innerhalb der Sippenverbände entflammten bisweilen Fehden um den Landbesitz, die sich zu heftigen Kriegen auswuchsen. Wenn eine Familienfehde zum Krieg eskalierte, kämpften die Angehörigen eines Lagers unabhängig von ihrer Herkunft und Blutsverwandtschaft für das Gemeinschaftsinteresse. Im Vordergrund stand dabei nicht der Sippengedanke, sondern der Gemeinschaftssinn. Auf dem Schlachtfeld war es deshalb nicht selten, dass Väter gegen Söhne, Neffen gegen Onkel kämpften – eine Besonderheit der japanischen Gesellschaft seit dem frühen Mittelalter. Denn in Japan war es nicht so wie im alten China und in Korea, wo das Familienoberhaupt einer Patrisippe das Sagen und der Rest ohne Einwände grundsätzlich zu gehorchen hatte. Die Grundstruktur der japanischen Dorfgemeinden, deren Organisation bis in unsere Zeit im Großen und Ganzen fast unverändert erhalten geblieben ist, bildete sich im 13. Jahrhundert heraus. Die Vorfahren der großen Feldherren im Mittelalter waren meist tapfere Wehrbauern, die in Friedenszeiten ihre Reisfelder bestellten und bisweilen gemeinsam gegen die ungerechten Forderungen ihres Lehensherrn aufbegehrten. Nach zahlreichen durchfochtenen Kriegen wurden aus ihnen Feldherren.

Die Werte einer Schwurgemeinschaft, Gleichberechtigung und Kollektivismus, prägten das Gemeinschaftsleben seit dem frühen Mittelalter nachhaltig und grundlegend. In Konfliktfällen, wie etwa Problemen mit der Wasserverwaltung, Grenzfragen und bei der Nutzung der Wälder oder im Aufstand gegen den willkürlich herrschenden Lehensherrn, versammelten sich die Wehrbauern im Dorfschrein (siehe Abb. 1.1) und verfassten einen eidlich gesicherten Bündnisvertrag. Dieser wurde unter Anrufung ihrer Schutzgottheiten im Dorfschrein in zweifacher Ausführung angefertigt. Der Urtext wurde dann den Schutzgottheiten im Schrein dargebracht, die Abschrift wiederum wurde vor der Gemeinde verbrannt und die Asche in einer Schale mit Wasser aufgelöst. Im Anschluss fand ein Umtrunk statt, bei dem dieses Wasser mit den Ascheresten ge-

Abb. 1.1 Heiliger Baum im Hof eines Dorfschreins

trunken wurde. Von diesem gemeinsamen Umtrunk rührt die Bezeichnung des mittelalterlichen Aufbegehrens (Ikki Shinsui genannt) her: Ikki heißt „Aufbegehren", Shinsui „heiliges Wasser", das heißt eine Schwurgemeinschaft, die sich mit dem Aschetrank vor Schutzgottheiten im Dorfschrein einschwor. Die Eidgenossen hießen Ichimi Doshin, die aus derselben Schale heiligen Aschetrank kosteten und so „ein Herz und eine Seele" (Doshin) waren. Das Wort

„Ichimi" (ein und derselbe Geschmack) wird heute in der Umgangssprache abwertend für „kriminelle Bande" verwendet. Diese gemeinschaftliche Handlung des Trinkens von Aschewasser verpflichtete jeden Eidgenossen auf Treue und Einhaltung des Versprechens. Diese Handlungsmaximen sind heute noch in vielen Lebensbereichen klar zu erkennen, wie etwa in Institutionen und Organisationen, bei Entscheidungsprozessen, auch in den Betrieben. Für die Angestellten ist die Firma eine Betriebsgemeinschaft. In diese Gemeinschaft aufgenommen zu werden, bedeutet für einen Japaner einen entscheidenden Schritt zum weiteren Gesellschaftsleben. Ein alter Spruch bezieht sich auf diese gute Kollegialität: „onaji kama no meshi o kuu nakama", wörtlich übersetzt: „zuverlässige Genossen und Kollegen auf Gedeih und Verderb, mit denen man den Reis aus demselben Kessel teilt". Der banale Umstand im Betriebsalltag, um ein Beispiel zu nennen, dass Direktoren und Angestellte die gleichen Uniformen tragen und in derselben Werkskantine zusammen zu Mittag essen, stammt aus der Tradition des frühen Mittelalters.

Samurai-Stand

Andauernde Familienfehden im Hochadelsstand entwickelten sich um das 10. Jahrhundert zu heftigen Kriegen. Besonders die mächtigen Reichstempel, die einst für das Wohlergehen des Kaiserreiches beten mussten, kämpften nun mit eigenen Mönchtruppen für ihre Steuerprivilegien gegen den Präfekten der Kaiserregierung. Der Kaiserhof setzte seinerseits seine Garde und Elitetruppe (Samurai), die ursprünglich aus Söhnen der mächtigen Geschlechter bestand, welche zum Personenschutz des Hochadels und Wachdienst am Kaiserpalast berufen wurden, gegen die militanten Mönche der Reichstempel ein. Diese kriegerischen Auseinandersetzungen waren der unmittelbare Anlass dafür, dass der Samurai-Stand als entscheidender Machtfaktor im Reich hervortrat. „Samurai" bedeutet etymologisch „Leibwache und Begleiter des Hochadels". Während im frühen Mittelalter mit „Samurai" eine Elitetruppe des Samurai-Standes, die als Personenschutz des Hochadels fungierte, gemeint war, entwickelte sich das Wort im Laufe der Geschichte hin zur Bezeichnung für Krieger im Allgemeinen.

Im frühen Mittelalter tobten am Kaiserhof Machtkämpfe um die Erbfolge, und jedes Lager rief den Samurai-Stand zur Unterwerfung seiner Rivalen zu den Waffen. Väter gegen Söhne, Neffen gegen Onkeln und Brüder gegen Brüder führten Kriege. Der Kaiserhof gab Mitte des 10. Jahrhunderts einem Heerführer aus der Familie Minamoto den Befehl zur Unterwerfung der unschlagbaren Militärmacht Taira. Nach dem siegreichen Ausgang der Kämpfe mit dem Lager Taira riss Minamoto die militärische Herrschaft über Japan an sich und errichtete erstmals als Militäraristokratie einen Regierungssitz (de facto ein Shogunat) in Kamakura. Im Jahre 1192, erst nach dem Tod des abgedankten Goshirakawa Tenno, der noch mächtig war und auf der kaiserlichen Herrschaft bestanden hatte, wurde Minamoto offiziell durch den Kaiser Gotoba zum Shogun ernannt. Seit der Gründung bis zum Zerfall des Tokugawa-Shogunats 1867 war das Shogunat faktischer Inhaber der politischen Macht.

In Kamakura-Shogunat formierte sich eine feudale Herrschaftsstruktur aus Lehensherrn und Untergebenen. Der Shogun bestätigte die Jurisdiktion über das Lehen seiner Vasallen. Das feudalistische Lehensverhältnis bildete eine Lehenspyramide: Die Untergebenen der verschiedenen Stufen vergaben ihrerseits Lehen an die jeweils nächstniedere Stufe. Die Untergebenen schuldeten dem Lehensherrn neben Treue auch persönliche Leistungen (vor allem militärische Unterstützung). Allen Untergebenen lag der dauerhafte Fortbestand ihres Herrenhauses am Herzen. Nach dem Kriegerischen Zeitalter (1467–1568) stellte sich allmählich wieder Frieden ein, der über Jahrhunderte fortdauerte. Im großen Frieden stellte der Samurai-Stand Administratoren und Technokraten in der Landesregierung, daher rührt auch die Standesbezeichnung „Bushi" (Beamte aus dem Samurai-Stand). Es ist eine der Grundeigenschaften der japanischen Gesellschaft, dass die politischen Herrscherklassen aus dem Samurai-Stand stammten, während sie in China und Korea bis in die Moderne grundsätzlich dem Gelehrtenstand angehörten.

Einer Volkszählung aus dem Jahr 1622 zufolge waren in Japan knapp 7 % der gesamten Bevölkerung dem Samurai-Stand (Bushi) zuzurechnen, eine Zahl, die im Laufe der Geschichte fast konstant blieb. In den Jahren nach dem Zerfall des Tokugawa-Shogunats (1867) belief sich die Zahl der Samurai auf fast 2 Millionen bei einer Bevölkerung von 34 Millionen.

In Korea dagegen machte einer historischen Statistik zufolge der Gelehrtenstand Mitte des 17. Jahrhunderts (in der Provinz Daegu, einer Hochburg der Gelehrten) nur 9 % aus. Zwei Jahrhunderte später waren in derselben Region jedoch 70 % der Einwohner Gelehrte. Dies kam dadurch zustande, dass die dogmatische Morallehre über Jahrhunderte hinaus das Volk indoktriniert hatte: Der konfuzianische Gelehrtenstand war für untere Stände ein erstrebenswertes Statussymbol mit Privilegien, zugleich schätzte man Handwerker und Kaufleute immer noch gering. Für diese Bevölkerungsgruppe erhöhte sich deshalb der Druck zum gesellschaftlichen Aufstieg enorm. Seit dem 16. Jahrhundert strebten die unteren Stände danach, legal wie illegal in den Gelehrtenstand aufzusteigen. Seit dem 17. Jahrhundert vergab der Königshof der Chosun-Dynastie (1392–1897) seinerseits den Großspendern Titel und Ränge, um die chronisch maroden Finanzen des Reiches zu stabilisieren. So konnten Kaufleute, Handwerker und Leibeigene mithilfe von Spenden den Aufstieg in den Gelehrtenstand schaffen. Mit diesen Praktiken ging die drastische Reduzierung der Zahl der Handwerker und Kaufleute einher. 1894 wurde das Ständesystem in Korea abgeschafft.

Das Ideal der Vornehmheit im Konfuzianismus

In China und Korea bildete der Konfuzianismus politisch wie moralisch ein Rückgrat für das Reichswesen zahlreicher Dynastien. Dabei handelt es sich um eine politische Ideologie wie bei Platon: Der Weise soll führen und das Land und Volk mit Menschlichkeit beherrschen, die Unwissenden sollen ihm folgen. Wie Kaiser und Könige Land und Volk vorbildlich und menschlich regieren sollen, dafür stehen die Lehren aus den Klassikern. Die Fünf Klassischen Bücher, auf die sich die konfuzianische Morallehre beruft, wurden weder von Konfuzius (geboren 551 v. Chr.) selbst noch von seinen Schülern verfasst, sondern existierten bereits vor der Geburt von Konfuzius und wurden von diesem und den Gelehrten im Verlauf der Geschichte wie die Heilige Schrift immer wieder zitiert und ausgelegt. (Kaji 2011, S. 130 ff.) Die konfuzianische Morallehre wurde von seinen Anhängern als Vorbild und Ideal verehrt und prägte über Jahrhunderte hinaus Denken und Handeln des Gelehrten- und Herrscherstandes nachhaltig. Der Lehre zufolge müssen die politischen Herrscher unbedingt über eine herausragende

Menschlichkeit verfügen und aus dem Literaten- und Gelehrtenstand stammen. Erstrebenswert waren die fünf Tugenden (Menschlichkeit, Gerechtigkeit, sittliches Verhalten, Weisheit und Vertrauen), die als Grundwerte für eine intakte Gesellschaftsordnung angesehen wurden. Auf die Sitten in den fünf elementaren Beziehungen (Beziehung der Kinder zu den Eltern, zu den Brüdern, unter Freunden und Eheleute sowie zum König) zu achten, ist die Basis aller tugendhaften Handlungen. Überhaupt hatten Anstand und Sitten im Leben den wichtigsten Stellenwert. Darum wurde sowohl im Alltagsleben als auch im Zeremoniell von Hochzeits- und Trauerfeierlichkeiten äußerst streng auf ein formalistisches Protokoll geachtet.

Die eingehende Lektüre der Fünf Klassiker und der Vier Bücher des Konfuzianismus war für den Gelehrtenstand verpflichtend. Darüber hinaus durften die Gelehrten selbst bei großer Armut keine anderen Erwerbstätigkeiten ausüben. Wenn sich ein Gelehrter auf einen Handel oder ein Pfandgeschäft einließ, wurde ihm sein Stand entzogen. In der konfuzianischen Werteskala wurden die gesellschaftlichen Stände folgendermaßen eingestuft: Der Gelehrtenstand (Literaten höher als Krieger) war der höchste Stand, gefolgt von Bauern-, Handwerker- und Kaufmannsstand. Diese Wertorientierung hatte in China bis zum Aufkommen des Kommunismus Gültigkeit und in Korea bis zur Abschaffung des Ständesystems. Die dogmatische Morallehre des Konfuzianismus in Korea wertete den Handel als betrügerisch und unehrlich ab. In Japan dagegen wurden Handel, Handwerk und Wirtschaft bereits im 15. Jahrhundert für lebenswichtig erachtet. Wie Adelige und Geistliche in Japan sich in Kreditgeschäften und Handel betätigten, werden wir uns im Kapitel „Einstellung zu Geld und Familienvermögen" näher ansehen.

Der angesehene Gelehrtenstand im Konfuzianismus heißt Kunshi (koreanisch: Gunza). Er umfasste sowohl Gelehrte als auch Krieger, allerdings wurden Heerführer und Krieger innerhalb des Kunshi-Standes geringer geschätzt als die Gelehrten und Literaten. Der Gelehrtenstand in China und Korea hatte noch eine völlig andere Einstellung zu Arbeit und Handwerk, da körperliche Arbeit als eine der niedrigsten Tätigkeiten galt. Außerdem hatten die Gelehrten im Alltagsleben stets auf ihre Lebensführung zu achten und sollten beispielsweise keine schwereren Gegenstände als Bücher, Pinsel oder Essstäbchen in die Hand nehmen, geschweige denn Werkzeuge und Schwerter. Sie mussten sich vornehmlich mit eingehender Lektüre der klassischen Schriften befassen und durften weder eine körperliche Arbeit noch Leibesertüchtigungen ausüben. In China wurden die Krieger traditionell wenig geachtet, abwertende Sprüche über den Kriegerstand in den alten Schriften belegen dies. Auch in Korea war die Geringschätzung des Kriegerstandes bereits Ende des 10. Jahrhunderts bei der Festigung der Bürokratie im Reich festzustellen. Für die koreanischen Gelehrten des 12. Jahrhunderts, die aufgrund ihrer familiären Herkunft die wichtigen Posten am Königshof erbamtlich innehatten, waren die Soldaten aus dem Kriegerstand lediglich Neulinge und Aufsteiger ohne familiären Hintergrund. Bei der Berufung der Heerführer waren jedoch die militärischen Verdienste und Leistungsfähigkeiten wichtiger als die Herkunft. Diese Geringschätzung des Kriegerstands blieb bis zum späten 19. Jahrhundert unverändert. Um die Jahrhundertwende, als die imperialistischen Westmächte und Japan Expansionspolitik im Fernen Osten betrieben, gab es sowohl in China als auch in Korea keine moderne Armee zur Verteidigung des Landes. Die Unruhen in Korea veranlassten China dazu, Truppen zur Wiederherstellung der Ordnung in sein

Vasallenreich zu entsenden. Japan verfolgte in Korea bereits eine Expansionspolitik, und so kam es 1894–95 zum Krieg zwischen China und Japan. China ging als Verlierer daraus hervor und musste im Vertrag von Shimonoseki die vollständige Unabhängigkeit Koreas anerkennen, Formosa (Taiwan) an Japan abtreten und Reparationen zahlen. 1904 brach der Krieg zwischen Japan und Russland aus, den Japan für sich entschied. Der Friede von Portsmouth (1905) brachte Japan die Vorherrschaft über Korea ein, und 1910 wurde Korea durch Japan annektiert.

Samurai und Konfuzianismus

In Japan wurde der Konfuzianismus schon im Altertum übernommen und verbreitete sich als Morallehre insbesondere unter dem Hochadel am Kaiserhof. Dort befasste man sich mit den Klassischen Schriften der konfuzianischen Lehre und versuchte zeitweise, das konfuzianische Staatsideal in der Politik umzusetzen. Die großen Feldherren des Mittelalters kannten die konfuzianische Morallehre hingegen kaum. Im Erbfolgekrieg hatte der konfuzianisch geprägte Hochadel keine Verwandten hinrichten lassen, auch wenn sie sich mit dem Feindeslager verbündeten. Denn die Blutsverwandten waren die allerwichtigsten von den fünf elementaren zwischenmenschlichen Beziehungen der konfuzianischen Lehre. Sie hinzurichten war moralisch undenkbar. Trotzdem befahl der Hochadel den Feldherren seines Lagers, ihre Verwandten zu enthaupten, wenn sich diese mit dem Feind des Hochadels verbündeten. Den niedrigeren Ständen gegenüber, die nicht konfuzianisch geprägt waren, ließ der Hochadel die konfuzianischen Verhaltensregeln völlig außer Acht. Dem Befehl gehorchend, ließen die Feldherren Onkel, Neffen oder Väter hinrichten. Im 15. und 16. Jahrhundert wurde die konfuzianische Morallehre überwiegend von den Gelehrten und Zen-Priestern bewahrt.

Der relativ konfuzianisch geprägte Hochadel in Japan hatte jedoch eine ganz andere Einstellung zu Arbeit und Handel als der koreanische Gelehrtenstand. Der Hochadelige Hosokawa Yusai, der Mitte des 16. Jahrhunderts als Poet und Gelehrter bekannt war, konnte mit dem Kochmesser beispielsweise so perfekt umgehen, dass er wie ein erfahrener Küchenmeister einen Karpfen auf Papier reinlich zu zerlegen wusste, ohne dabei einen Schnitt im Papier zu hinterlassen. Ein Sohn von Yusai war als Designer des Samurai-Helms bekannt. Der Feldherr Ise, ein wichtiger Amtsträger im Shogunat im 15. Jahrhundert, konnte eigenhändig einen bequemen Sattel nähen, der unter den Großfeldherren sehr begehrt war. Er nahm viele Aufträge entgegen und fertigte gute Sättel an. Diese Anekdoten belegen, dass sich sowohl Hochadel als auch Großfeldherren im handwerklichen Bereich betätigten. Sie hatten weder Hemmungen noch Abscheu vor handwerklichen Tätigkeiten. Wie bereits erwähnt, waren die Großfeldherren ursprünglich Wehrbauern und scheuten körperliche Arbeit nicht, weder auf dem Ackerland noch auf dem Schlachtfeld. Den Samurai im Mittelalter waren die Werte Loyalität und Gehorsam unbekannt. Da sie ihre Dienstherren oft wechselten, verbot der Reichsverweser Toyotomi Hideyoshi (1536–1598) allen Samurai diese Praxis.

Der Schwertkämpfer Miyamoto Musashi (1584–1645) repräsentiert die letzte Generation des kämpferischen Samurai-Standes, die im vorangegangenen Kriegerischen Zeitalter auf den Schlachtfeldern ums Überleben kämpfte. (Suzuki 1991, S. 35 ff.) Seine Erkenntnisse und taktischen Lehrsätze aus Zweikämpfen schrieb Musashi im *Gorin no sho* („Buch der fünf Ringe") nieder, das in den folgenden

Jahrhunderten als Quelle von Lebensweisheiten und Berufsmoral galt. Musashi bildete seinen eigenen Kampfstil aus, den er Niten-ichiryu nannte. Er war Gründer der gleichnamigen Schule Niten-ichiryu und zugleich Künstler und Handwerker. Außerdem stellte er selbst Metallarbeiten her und etablierte auch eine Schule zur Stichblattherstellung für Schwerter. Anfang des 17. Jahrhunderts wurde die konfuzianische Morallehre durch das Tokugawa-Shogunat zwar als erstrebenswerte Wissenschaft anerkannt, allerdings wurde sie in der Realität nicht einmal im Samurai-Stand beherzigt. Denn ursprünglich war der Konfuzianismus die Moral des Gelehrtenstandes in Friedenszeiten, das Ethos des Samurai-Standes war dagegen schon immer im Kampf auf den Schlachtfeldern begründet. Die dort erworbenen taktischen Erfahrungen wurden als Lehrsätze in der Schule vermittelt. Die Wehrkunde in den Bereichen Reiten, Bogenschießen und Feuerwaffen war gegen Ende des 16. Jahrhunderts jeweils als Schule etabliert. Zahlreiche Samurai gründeten Mitte des 17. Jahrhunderts neue Schulen in Wehrkunde.

Im 18. Jahrhundert verbreitete sich die konfuzianische Lehre allmählich auch im Samurai-Stand, dies beinhaltete: Gehorsam, Ehrfurcht vor den Eltern, Pflichtbewusstsein und Loyalität. Ein sehr wichtiger Aspekt der Loyalität in der japanischen Gesellschaft ist, dass sie bereits in der feudalen Tokugawa-Zeit nicht primär einer Person gegenüber zu erweisen war. Es kursieren zahlreiche Anekdoten, in denen die Untergebenen einen despotischen Feudalherrn aus Amt und Würden vertreiben. Dies geschah aber nur im Einvernehmen mit dem Shogunat. Loyal war man immer gegenüber einer Gruppe, Organisation oder Institution, während in China und in Korea Loyalität grundsätzlich der eigenen Sippe, dem eigenen Clan zu erweisen war. Die konfuzianische Lehre war in Japan keineswegs eine weitreichende und grundlegende Wertorientierung.

Standesbewusstsein

Mit Blick auf das Standesbewusstsein des Samurai im 17. Jahrhundert und im 13. Jahrhundert zeigen sich in mancher Hinsicht große Unterschiede. Im Tokugawa-Shogunat herrschte Frieden im Land, und der Kampfgeist und die ursprünglichen Eigenschaften des Samurai-Standes gingen im Verlauf der friedlichen Jahrhunderte allmählich verloren. Menschen aus dem Samurai-Stand wurden im 17. Jahrhundert Beamte, daher werden sie in der japanischen Fachliteratur „Bushi" (Beamte aus dem Samurai-Stand) genannt. Statt Schwerter und Waffen nahmen die Bushi nun Pinsel und Tusche in die Hand. Yamamoto Tsunetomo, ein Samurai und Autor des Werkes *Hagakure* (1716), lebte in Zeiten des Friedens, in welchen die Samurai nur noch Beamte waren. Er vermisste den Kampfgeist der wahren Samurai und idealisierte wehmütig das Urbild jener tapferen und kämpferischen Samurai des Kriegerischen Zeitalters. Das Tokugawa-Shogunat setzte die Agrarwirtschaft als Fundament seiner Politik jahrhundertelang fort. In der ersten Hälfte des 18. Jahrhunderts wurde dann der Handel und Handwerk fördernde Merkantilismus eingeführt. In dieser Zeit wurde das Land wiederholt von Naturkatastrophen wie Vulkanausbrüchen und Hungersnöten heimgesucht, folglich wanderten die Bauern in die Städte ab, um sich dort als Tagelöhner zu verdingen. Die Folgen einer missglückten Wirtschaftspolitik und der Naturkatastrophen waren verheerend: Immer mehr Reisfelder waren verlassen, die Ernte ging drastisch zurück, und es kam zu landesweiten Bauernaufständen gegen die Hungersnöte.

Um das Land wieder in Ordnung und Frieden zu bringen, war es für das Shogunat unvermeidlich, die konfuzianistischen Ideale verstärkt in den Vordergrund seiner Politik zu stellen und das Volk zu indoktrinieren: Handel und Kaufleute wurden geringgeschätzt und die Arbeit der Bauern wurde als lebenswichtig und daher hoch bewertet. Wie bereits ausgeführt, erklärte das Shogunat die konfuzianische Lehre zur offiziellen Wissenschaft. Im späten 18. Jahrhundert verbreitete sich auch im Samurai-Stand allmählich die konfuzianistische Wertorientierung. Um ein Beispiel zu nennen: Eine Genremalerei aus dem 17. Jahrhundert stellt eine Szene des Alltagslebens dar, in der einige Bauern ihre Reisfelder pflügen und einige am Feldrand gemütlich Pfeife rauchende Passanten (Bushi) auf dem Gehweg blicken, ohne dass ihnen Respekt gezollt wird. Bauern, Kaufleute und Handwerker treten im Alltagsleben gegenüber dem Bushi-Stand keineswegs als Untergebene auf. Auch in der Sitzordnung bei öffentlichen Zusammenkünften war das Standesbewusstsein anders als die viel zitierte Rangordnung von Bushi, Bauern, Kaufleuten und Handwerkern in einer strikten Standesgesellschaft. In Wirklichkeit wurden der Kaufmanns- und der Handwerkerstand höher als der Bauernstand eingestuft. Dies spiegelte sich auch in der Rangklasse der Beamten-Hierarchie wider: Die für das Kaufmanns- und Handwerksgewerbe zuständigen Beamten nahmen einen höheren Rang ein als die für die Bauern zuständigen. Es ist jedoch nicht zu leugnen, dass eine Rangordnung primär innerhalb des jeweiligen Standes von Belang war. Ausschlaggebend dabei waren immer die materiellen Kriterien: Besoldungshöhe, Wohlstand und Umsatz der einzelnen Familienbetriebe sowie Höhe der Jahresernte. Im ausgehenden 18. Jahrhundert trat eine Lockerung des Ständesystems ein. Ein Bauernsohn, der als Lehrling in einem Kaufmannshaus arbeitete und mit einer kleinen ersparten Rücklage heimkehrte, konnte ein eigenes Geschäft in seinem Dorf eröffnen und wurde auf diese Weise selbst Kaufmann. Andererseits durfte ein erfolgreicher Kaufmann große Ackerflächen erwerben und zum Großgrundbesitzer werden.

In einem im frühen 18. Jahrhundert entstandenen literarischen Werk, *Toryu Oguri Hangan*, brüstet sich der Held mit folgenden Sprüchen: „Die Bushi sind auch nicht edel, die Kaufleute in der Stadt sind nicht geringwertig; was edel und wert ist, sind die Träume und Ambitionen in jedem Herzen." Auch ein Konfuzianer und Philosoph aus dem Bushi-Stand, Kaiho Seiryo (1755–1817), kritisierte die Angehörigen seines Standes scharf, die dazu neigten, die Bedeutung der Wirtschaft zu verkennen und den Handel für gering zu achten, obwohl sie finanziell völlig vom Kaufmannsstand abhängig waren. Die Realität seiner Zeit beschrieb Kaiho so: „Scheinbar soll der Bushi-Stand das ganze Land beherrschen, in Wirklichkeit wird es jedoch vom Kaufmannsstand beherrscht." Ferner vermerkte ein politischer Philosoph und großer Intellektueller, Fukuzawa Yukichi (1835–1901), der eine entscheidende Rolle bei der Modernisierung Japans spielte, in seiner Schrift *Kyuhanjo* (1878), dass sich der Bushi-Stand bereits zu Heimarbeitern des Handwerksgewerbes gewandelt habe. Bushi ohne Posten in der Regionalverwaltung mussten damals als Heimarbeiter Aufträge von den Manufakturen übernehmen und so ihr Leben fristen. Eine Episode besagt, dass in der ersten Phase der Industrialisierung 1872 die Meiji-Regierung eine staatliche Seidengarnfabrik (Tomioka Seishijo) errichtete. Seide war damals der wichtigste Exportartikel Japans. Die Fabrik wurde von einem französischen Ingenieur nach westlichem Modell erbaut und betrieben. Die Hunderte Arbeiterinnen in dieser staatlichen Garnfabrik waren meist Töchter aus dem Bushi-Stand verschiedener Provinzen.

1 Grundlagen der Berufsgesellschaft 33

Eine Arbeiterin, Wada Ei (1857–1929) aus dem Bushi-Stand, beschrieb ihre Arbeit in der Garnfabrik mit Stolz im Tagebuch *Tomioka Nikki*.

Wie es um das Standesbewusstsein im Hochadelskreis tatsächlich beschaffen war, zeigt eine andere Anekdote: Das Tokugawa-Shogunat bestand 15 Generationen lang. Der 15. und letzte Shogun Tokugawa Yoshinobu stammte eigentlich aus einer Zweigfamilie des Tokugawa-Clans und wurde in die Stammfamilie adoptiert. Yoshinobu hatte 21 Söhne, seinen siebten Sohn hatte er in dessen Jugend einer Kaufmannsfamilie anvertraut. Er wurde später zum Erben des abgedankten Shoguns. Eine Tochter dieses Erben, also eine direkte Enkelin des letzten Shoguns, war mit einem Bruder des verstorbenen Showa Tenno (Kaiser Hirohito) verheiratet. Sie erinnert sich in ihrem Memoire (Kaiserliche Prinzessin Takamatsu 1998) an ihren Großvater und die Sitten des Hochadels. Die Kinder aus den Hochadelsfamilien seien, schreibt sie, von alters her eine Zeitlang einem Kaufmannshaus anvertraut worden, damit die adeligen Kinder die Lebenswelt der einfachen Menschen kennen lernen konnten. Die Adelssprösslinge wurden im Kaufmannshaus genauso wie die normalen Lehrlinge und Angestellten behandelt. In einem völlig neuen Lebensumfeld wuchsen sie auf und wurden selbstständig. In Anlehnung an diese Sitten des Hochadels in Kyoto hatte der letzte Shogun Yoshinobu auch seinen siebten Sohn einem Kaufmannshaus, genauer gesagt einem Pfandhaus, anvertraut. Dass der Sohn eines Shoguns eine kaufmännische Lehre macht, ist im konfuzianischen Standesdünkel unvorstellbar. Da in der Wertehierarchie der Konfuzianer der Handel und Kaufmannsstand als sehr geringwertig geschätzt, wenn nicht gar verachtet, wurden, ist dies noch für die koreanischen Konfuzianer in der Gegenwart ein Skandal.

Heirat und Ehescheidung

In China und in Korea herrschte über Jahrhunderte hinaus gesetzlich das Prinzip der Exogamie, das heißt, es wurde außerhalb des Stammes geheiratet. Der Hausvater als Hausvorstand bestimmte das Familienleben, daraus entstand eine patrilokale Wertorientierung. In diesen Ländern wurde die Erbfolge grundsätzlich innerhalb der Blutsverwandten des Familienoberhauptes geregelt. Blut und Stammesgedanke waren Grundwerte. In der Weltanschauung der patriarchalischen Gesellschaft herrschte die Ansicht, dass die genetischen Veranlagungen eines Menschen nur qua biologische Fortpflanzung erhalten bleiben und vom Vater auf den Sohn übergehen. Die wichtigsten Aufgaben der Erben in diesen Ländern waren erstens, der Ahnen des Clans bis zu sieben vorangegangenen Generationen zu gedenken, und zweitens, Nachkommen in die Welt zu setzen. In Korea war die Erbfolge prinzipiell auf einen männlichen Nachkommen der väterlichen Linie beschränkt. Die grundsätzliche Patrilokalität bei Erbfolge und Adoption war bis ins 20. Jahrhundert in Kraft und einer der entscheidenden Faktoren für die sehr kurze Lebensdauer von Familienunternehmen in Korea. In den letzten Jahren wurde diese Regel des Familiengesetzes modernisiert.

In Japan war es dagegen weder verboten noch verpönt, eine Kusine oder einen Vetter zu heiraten (siehe Abb. 1.2). Die Inzucht insbesondere im Hochadel war über Jahrhunderte hinaus gang und gäbe. Einer der am meisten gelesenen und bekanntesten Klassiker aus dem 11. Jahrhundert, *Genji Monogatari*, der von einer Hofdame niedergeschrieben wurde, handelt von freier Liebe, dem Bruch des Inzesttabus durch Prinz Genji am Kaiserhof und vom Schicksal seines Sohnes. Der Roman liefert seit über einem Jahrtausend Grundmotive sowohl für die bildende

1 Grundlagen der Berufsgesellschaft

Abb. 1.2 Brautpaar bei ritueller Reinigung im Rahmen shintoistischer Trauung

als auch die darstellende Kunst in Japan. Das Werk zeichnet sich durch die Beschreibung der schönen Natur im Verlauf der vier Jahreszeiten und der feinen weiblichen Empfindungen aus. Es steht für das Schönheitsempfinden und die Weltanschauung Japans. In Korea hingegen wurde das *Genji Monogatari* fast ein Jahrtausend lang als unsittliche Schrift angesehen und nicht übersetzt – die erste koreanische Ausgabe erschien im Jahr 2000. Der Roman war zu frivol für die konfuzianischen Gelehrten mit ihren strengen Heiratsnormen und ihrer strikten Sexualmoral. Inzucht galt in Korea seit Langem als sittenwidrig. Das strenge Inzuchttabu beruhte auf der Beobachtung, dass bei Vieh und Haustieren Erbkrankheiten durch Inzucht häufiger auftraten. In der Tokugawa-Zeit befanden sich zwei koreanische Gelehrte als Gesandte eine Zeitlang in Japan und verfassten jeweils Memoiren, in denen sie die Sitten und

Bräuche ihres Gastlandes beschrieben. Den Gelehrten erschienen die Lebensformen der einfachen Leute und auch der Adeligen sehr unkonfuzianisch, ja sogar barbarisch. Deshalb vermerkten sie in ihren Memoiren (Kang Hongzung in seinem *Dongsarok* im 17. Jahrhundert und Shin Yuhan in *Heyurok* im 18. Jahrhundert), sie sähen sich vor Scham nicht dazu in der Lage, die Sitten und Bräuche in Japan in Worte zu fassen. Was die koreanischen Gelehrten damals anstößig fanden, waren vor allem die Bräuche rund um die Heirat.

Im Altertum war in Japan die so genannte Pendelehe, eine Ehe ohne gemeinsamen Wohnsitz, üblich, in der der Ehemann seine Frau in ihrem Elternhaus regelmäßig besuchte. Wenn das Paar ein gemeinsames Kind bekam, lebten sie weiter im Elternhaus der Frau. Die Frauen behielten ihren Mädchennamen sowie ihr Eigentum auch nach der Eheschließung. Dadurch übten die Großeltern der mütterlichen Seite bei der Kindererziehung einen starken Einfluss aus. Gründete das Ehepaar irgendwann doch einen eigenen Haushalt, so wurde das Eigenheim in der Regel von den Eltern der Ehefrau geerbt. Deshalb war die Bedeutung der Großeltern und Verwandten der mütterlichen Seite größer, während in China und Korea der Patriklan absolut vorherrschend war. Es ist beachtenswert, dass in der japanischen Gesellschaft seit alters patrilineare und matrilineare Verwandte gleichwertig waren. Im späten 18. Jahrhundert orientierte sich allmählich auch der Bushi-Stand in Japan an konfuzianischen Werten, und in der Folge sah man die Ehescheidung als eine Schande an. In den unteren Ständen war die Scheidung dennoch nicht selten: Wenn sich eine Frau in einer Kaufmannsfamilie scheiden ließ, musste ihr der Mann sowohl Mitgift als auch Haushaltsrat (Kleidung, Bettwäsche, Geschirr, Truhe usw.) zurückgeben. Die geschiedenen Frauen konnten in Japan auch in der feudalen

Zeit ohne Weiteres wieder heiraten. In Korea jedoch war die Heirat einer Witwe, wie jung oder alt sie auch sein mochte, bis 1894 gesetzlich verboten. Wären auch in Japan konfuzianische Werte und das patriarchalische Familiensystem im Alltagsleben so allgegenwärtig gewesen wie in Korea, wäre die erste Modernisierung und Industrialisierung nicht möglich gewesen. Denn das patrilokale System, in dem allein die männliche Stammfolge gilt und die Autorität des Vaters absolut ist, hemmt jeden gesellschaftlichen Fortschritt. Wenn das System der patrilinearen Großfamilie auf staatlicher Ebene reproduziert wird, entstehen oft politische Dynastien. Das Familienoberhaupt als Staatschef bringt seine Söhne und andere männliche Verwandte in Machtpositionen. Vetternwirtschaft und Korruption blühen, weil der Clan zum eigenen Vorteil wirtschaftet. Verschiedene Wirtschaftsskandale der koreanischen Präsidentenfamilien in den letzten Jahrzehnten sind bezeichnende Beispiele einer patrilinearen Wertorientierung.

Erbfolge und Adoption

Die Welt des Samurai-Standes war grundsätzlich an Leistungen und Erfolgen orientiert. Wer kämpferisch, tapfer und strategisch agierte, konnte überleben und den Sieg und die Verdienste erringen. Mitte des 14. Jahrhunderts etablierte sich allmählich der Brauch des alleinigen Erben im Samurai-Stand. Bis zum späten Mittelalter war der Erbe eines Lehens jedoch nicht immer der Erstgeborene der Familie. Folgende Geschichte ist hier beispielhaft: Als Shogun Ashikaga Yoshimochi 1428 auf dem Sterbebett lag, ohne dass die Erbfolge geregelt war, drängten ihn die großen Feldherren zur Verfügung der Nachfolge. Da sagte der Shogun, obgleich er einen Nachfolger bestimmt habe, sei diese

Festlegung doch sinnlos. Denn die mächtigen Feldherren würden den Nachfolger ohnehin für ungeeignet erachten, falls er weder den nötigen Geist noch die erforderliche Kraft für das Amt des Shoguns vorzuweisen hätte. So überließ er den Feldherren die Regelung der Erbfolge. In diesem speziellen Fall wurde die Erbfolge dann erstaunlicherweise durch Losziehen bestimmt, das im Mittelalter als Orakel der Gottheiten gedeutet wurde. Nachfolgefragen waren bis zum späten Mittelalter oft Auslöser von Erbfolgekriegen. Erst in der Tokugawa-Zeit im 17. Jahrhundert kam es dazu, dass im Samurai-Stand grundsätzlich der Erstgeborene alleiniger Erbe war. Gründervater Tokugawa Ieyasu hatte eingesehen, dass in den vorangegangenen Jahren Familienfehden und Streitigkeiten um die Erbfolge zu großen Kriegen geführt hatten. Der Hausfrieden im Shogunat war in seinen Augen aber für den Landfrieden unabdingbar. Deshalb bestimmte Tokugawa Ieyasu schon zu Lebzeiten die Erbfolge seines Hauses bis zur dritten Generation, und alle Brüder eines Shoguns wurden zu dessen Gefolgsleuten. Dieses Vermächtnis wurde jahrhundertelang beachtet.

In Japan pflegte man Adoption und Heirat viel pragmatischer zu handhaben als in Korea. Die Adoption erfolgte in Japan ohne Standesbeschränkungen. Im Samurai-Stand war es gang und gäbe, eine Tochter aus dem Bauernstand oder aus einem Kaufmannshaus zu adoptieren und dann mit einem Sohn einer standesgleichen Fürstenfamilie zu verheiraten. So konnten die Fürstenfamilien durch politische Heirat ihre Machtposition und ein vorhandenes Bündnis stärken. Eine Standesgrenzen überschreitende Eheschließung wurde allerorten praktiziert. Das Stammhaus des Tokugawa-Shogunats (1603–1867) selbst nahm die Standesregel und Ebenbürtigkeit bei der Heirat nicht so ernst. In der Haustradition hatte ein Shogun eine offizielle Hauptgattin und mehrere *offizielle* Nebenfrauen. Die

Hauptgattin wurde traditionell standesgemäß aus dem kaiserlichen Hochadel in Kyoto gewählt; aber bei der Wahl der offiziellen Nebenfrauen wurde weder nach Stand noch Würde gefragt. Die edlen Damen aus dem Hochadelsstand waren oft unfruchtbar, so wurden die Nebenfrauen, meist kräftige Bauerntöchter, zur Sicherung der Erbfolge notwendig. Der Gründervater selbst hatte eine Hauptgattin und 19 offizielle Nebenfrauen, und der elfte Shogun hatte 16 offizielle Nebenfrauen und zeugte 54 Kinder (27 davon Söhne). Diese zahlreichen Kinder konnten jedoch nicht immer ebenbürtig heiraten. Sie wurden noch im Kindesalter von regionalen Fürstenfamilien adoptiert oder mit Töchtern der Fürstenfamilien verheiratet. Außerdem gab es im Shogunat drei Shogune, die keine offizielle Nebenfrau hatten und alle kinderlos waren. Manche Shogune hatten zwar mehrere offiziellen Nebenfrauen, aber keine Nachkommenschaft. In diesem Fall wurde der Erbe aus drei Zweigfamilien, ursprünglich gegründet von drei Söhnen des Gründervaters, gewählt und von der Stammfamilie adoptiert. Dank diesem Brauch konnte das Shogunat über 260 Jahre fortbestehen.

Familiennamen und Hauswappen

In China und Korea wurden prinzipiell die Stammesbezeichnungen als Familiennamen benutzt, welche Zeugnis ablegten von Blutsverwandtschaft und Abstammungslinien. So gibt es in China heute rund 4700 Familiennamen, in Korea 286. Nach Bevölkerungsstatistik Koreas heißen gegenwärtig 40 % der gesamten Bevölkerung Kim, Lee und Park. Dort war bis Ende des 20. Jahrhunderts eine Ehe innerhalb des Stammes sittlich wie gesetzlich verboten. Auch wenn dieses Gesetz Ende des vorigen Jahrhunderts gelockert wurde, wirkt der Brauch bis heute nach: Wenn zwei Koreaner, die zufällig Kim heißen, sich kennen lernen, erkundigen sie sich zunächst nach der Abstammung. So wird die Frage der Blutsverwandtschaft, die möglicherweise ein schweres Ehehindernis darstellen könnte, von vornherein geklärt. Daran lässt sich erkennen, wie nachhaltig der patriarchalische Sippengedanke die koreanische Gesellschaft prägt.

In Japan existieren dagegen gegenwärtig rund 150.000 Familiennamen, die zumeist von Ortsnamen und Berufsbezeichnungen herrühren. Aber einzig die älteste Familie Japans, das Kaiserhaus, hat von Anbeginn der Geschichte keinen Familiennamen. Denn im Altertum verlieh der Kaiser seinen Untertanen Namen als Auszeichnung für Verdienste, und der Name wurde den Nachkommen vererbt. Der gegenwärtige Kaiser Naruhito ist die 126. Generation der Kaiserfamilie. Die frühmittelalterlichen Gefolgschaften des Samurai-Standes bestanden anfangs aus Sippenverbänden, die Nachkommen eines Stammesanführers waren und ihn als ihren gemeinsamen und unmittelbaren Ahnen im Ahnenkult verehrten. Alle trugen daher den gleichen Familiennamen wie der Ahne. Im Laufe der Geschichte entstanden aus Sippenverbänden Gemeinschaften, deren nicht blutsverwandte Mitglieder ein Schriftzeichen aus dem Namen des Stammesanführers als eigenen Familiennamen erhielten und variierten. Namensführung und Waffenfähigkeit in der Öffentlichkeit wurden seit dem Altertum prinzipiell nur dem Samurai-Stand als Privilegien gewährt sowie ausnahmsweise auch den Ärzten und Shinto-Priestern. Im Frieden der Tokugawa-Zeit führte der Samurai-Stand als Standessymbol ein an Griff und Scheide mit Elfenbein und Gold verziertes Schwert bei sich.

Die alten Privilegien des Samurai-Standes wurden durch die Meiji-Regierung mit der Einführung der allgemeinen

Wehrpflicht und dem Verbot der Schwertführung (1876) in der Öffentlichkeit endgültig abgeschafft. Bis zu diesem Zeitpunkt war es den unteren Ständen grundsätzlich verboten, einen Familiennamen zu führen und ein Schwert öffentlich zu tragen. Seit vielen Jahrhunderten benutzten einfache Bauern, Handwerker und Kaufleute gewöhnlich Orts- und Richtungsbezeichnung als Familiennamen. Mit der Einführung der allgemeinen Schul- und Wehrpflicht (1872) in der Meiji-Zeit durften dann alle Bürger ihren Familiennamen im öffentlichen Leben tragen. Im privaten Bereich führten sie ihren Familien- und Vornamen jedoch auch schon früher. Ein Beleg dafür ist, dass seit Jahrhunderten die Tempel den Namen eines Verstorbenen in ihr Registerbuch (Kakocho) eintrugen, um alljährlich die Gedenkfeier zu veranstalten. Vom Verbot, einen Namen zu führen, gab es in der feudalen Zeit zudem zahlreiche Ausnahmen: Den altansässigen wohlhabenden Großlandwirten wurde erlaubt, ihre Familiennamen öffentlich zu nennen. Außerdem wurde auch den einfachen Bauern dieses Privileg als Auszeichnung für ihre Wohltätigkeiten und Verdienste gewährt: Der ihnen verliehene Familienname durfte der nächsten Generation vererbt werden, die Schwertführung jedoch war auf die betreffende, mit dem Privileg ausgestattete Einzelperson beschränkt.

Den Stadtbewohnern, überwiegend Handwerker und Kaufleute, war die Namens- und Schwertführung ebenfalls prinzipiell verboten. Aber große Kaufleute hatten die Möglichkeit, beim Shogunat eine Audienz zu erhalten. Dafür mussten sie sich der Audienz würdig erweisen und sich mit Namen, Schwert und Kostüm ausstatten. Was die Familiennamen der Frauen anbelangt, so war es über Jahrhunderte Brauch, dass sie nach der Heirat sowohl ihr Eigentum als auch ihren Familiennamen beibehielten. Erst mit Inkrafttreten des neuen Zivilgesetzes (1898) wurde eingeführt, dass alle Frauen ohne Standesunterschied mit der Eheschließung den Familiennamen des Ehemannes anzunehmen hatten. In diesem nach westlichem Vorbild reformierten Zivilgesetz wurde die Monogamie erstmals gesetzlich festgeschrieben. Zeitgleich wurden die patriarchalischen Züge verstärkt: Artikel 14 dieses Gesetzes erkannte den erwachsenen Frauen die gerichtliche Mündigkeit ab und stellte sie unter die Herrschaft des Hausherrn, der entweder der Schwiegervater, Ehemann oder der älteste Sohn war. Somit gingen die japanischen Frauen, vor allem in den Kaufmannsfamilien, ihrer historisch gewachsenen Selbstständigkeit in Bezug auf Namen und Eigentum verlustig. Fast ein halbes Jahrhundert lang waren die Japanerinnen juristisch Entmündigte. Nach dem Zweiten Weltkrieg wurde 1947 ein modernes Zivilgesetz verkündet, das die Entmündigung der Frauen aufhob und in dem die Gleichstellung von Mann und Frau manifestiert wurde. Mit diesem neuen Zivilgesetz wurde der Adelsstand abgeschafft und auch die Führung eines Adelstitels verboten. Erst in den Nachkriegsjahren erhielten die Frauen das Wahlrecht. Heute ist es jedem Ehepaar selbst überlassen, welchen Familiennamen sie nach der Eheschließung benutzen. Das neue Zivilgesetz schreibt jedoch einem Ehepaar einen einheitlichen Familiennamen vor.

Seit Jahrhunderten gibt es in Japan einen eigenartigen Brauch: Der Hausherr eines traditionsreichen Kaufmanns- oder Handwerksbetriebes hat immer denselben *Vornamen* wie seine Vorfahren. Seit Jahrhunderten mussten sie Betriebsnamen, -markenzeichen und Familienvermögen wohlbehalten an die nächste Generation vererben. So entstand eine einzigartige Zeremonie der Namensübertragung, Shumei genannt, sowohl in Kaufmanns- und Handwerkerfamilien als auch in den traditionellen Gründerfamilien der Kunstgewerbe. Den religiösen Sinn dieser Zeremonie werden wir später näher betrachten. Genauso wie der Familienname ist das Hauswappen für jede einzelne Familie von besonderem Wert. Es ist eine weltweite Besonderheit im Wappenwesen, dass in Japan jede Familie ohne Standesbeschränkung ein eigenes Hauswappen besitzt.

Im Kriegerischen Zeitalter (1477–1573) führten die Feldherren das Hauswappen (Kamon genannt) auf den Fahnen zur Unterscheidung von Verbündeten und Feinden. Die Kriegerverbände aus demselben Lager hatten jeweils Fahnen in derselben Farbe, aber mit eigenem Wappen versehen: Es diente nämlich nicht nur zur Unterscheidung von Feinden und Verbündeten, sondern auch als Erkennungszeichen bei der Belohnung für eine herausragende Leistung im Kampf. Die Gefolgsleute versahen ihre Samurai-Helme und Ausrüstungen mit dem leicht variierten Hauswappen ihres Herrn. Die für das Hauswappen verwendeten Motive sind überwiegend Pflanzen, Sterne, Mond, Schriftzeichen, Falke oder Fluginsekten wie etwa Libelle oder Schmetterling. Für die Samurai war die Libelle Sinnbild für schnelle Vorwärtsbewegung. Der Schmetterling ist das Hauswappen von Shogun Oda Nobunaga. Seit alters verwendeten Handwerker und Handelsbetriebe ihre Hauswappen auch als Unternehmensmarkenzeichen auf Waren und Aushängeschildern. Die Bauern hatten ebenfalls ein eigenes Wappen auf den Gebrauchsgegenständen (Truhen, Geschirr und Tabletts aus Lack, siehe Abb. 1.3) und auf ihrem formalen Festkleid. Diese Wappentradition hat sich bis heute erhalten. Die Angestellten eines Betriebs tragen in der Regel ein Abzeichen aus Metall auf dem Jackenkragen oder ein gesticktes Emblem auf der traditionellen Dienstjacke. Auf einem traditionellen Hochzeitsfest tragen überwiegend die Familienangehörigen der Brautleute den Kimono mit Hauswappen, so dass man am Wappen im Kimono leicht unterscheiden kann, ob der Gast zu

Abb. 1.3 Hauswappen auf dem Tablett aus Lack

den Verwandten des Bräutigams oder der Braut gehört. Das Kaiserhaus hat ein Wappen aus einer 16-blätterigen Chrysantheme (Kiku), die Zweigfamilien des Kaiserhauses haben jeweils eine leicht variierte Blätterform derselben Chrysantheme. Die japanische Regierung benutzt Paulownia-Muster für Staatswappen, das auf die 500-Yen-Münze der gegenwärtigen Währung und auf Verdienstorden sowie Reisepässe geprägt wird.

Gewohnheitsregeln

Der Kaiserhof verkündete 701 den Reichskodex Taihoritsuryo, dieser war nach der chinesischen Vorlage verfasst und *formal* bis zur Meiji-Restauration (1868) in Kraft. Er bestand aus Strafgesetzen und Anordnungen. Im Lauf der Geschichte wurde der Kodex aber von den Herrscherklassen nicht streng beachtet. Der Kaiserhof selbst betrieb eine nicht an den Kodex gebundene Politik, denn seit dem

1 Grundlagen der Berufsgesellschaft 45

Altertum hatten Kaiserhof, Reichstempel, Schreine und Samurai-Stand jeweils ein eigenes Regelwerk. Das Shogunat erlangte bereits im 12. Jahrhundert die Kontrollmacht über das gesamte Lehenswesen und hatte auch die Gerichtsbarkeit bei Konflikten zwischen Hochadeligen am Kaiserhof inne. Das erste Shogunat verkündete 1232 für den Samurai-Stand das Gesetz „Goseibai Shikimoku" zur Führung und Verwaltung des Lehenswesens. Goseibai heißt „schlichten, urteilen" und Shikimoku bedeutet „Artikel". Dabei handelt es sich um eine genuin japanische Gesetzgebung ohne ausländische Vorbilder. Das Regelwerk bestand aus Gewohnheitsregeln, die qua Mehrheitsentscheidung von 13 Feldherren verabschiedet wurden. Insgesamt beinhaltete dieses Gesetz 51 Artikel und war sprachlich klar und simpel formuliert, so dass jeder einfache Wehrbauer es gut verstehen konnte. Das Gesetz erkannte die Rechte jedes Bauern auf das von ihm selbst erschlossene Ackerland an und zugleich übertrug es einem Hausvorstand die Kontrolle und Leitung über alle Felder und Abgaben. Im kriegerischen 16. Jahrhundert traten die regionalen Großfeldherren als politische Herrscherklasse hervor. Um den Frieden für Land und Leute in ihrem Herrschaftsgebiet zu bewahren, verkündeten auch die Großfeldherren ein eigenes Hausgesetz, das auf der Tradition des Goseibai Shikimoku und regionaler Gewohnheitsregeln beruhte. Das Hausgesetz der Großfeldherren sah konkrete Regeln nicht nur für alle Untertanen und Beamten in der Landesregierung, sondern auch für den Feldherrn selbst vor. Nur so konnte das Herrschaftsrecht des Großfeldherrn als über allen gängigen Gewohnheitsregeln stehend legitimiert werden. Das Tokugawa-Shogunat verkündete 1742 eine Rechtsordnung für die Führungsschicht im Shogunat. Das Rechtsystem der Tokugawa-Zeit bestand aus Anordnungen, deren Nichteinhaltung mit Strafen sanktioniert wurde und mit denen die Obrigkeit über das Volk herrschte. Ein unabhängiges Rechtswesen gab es damals nicht. Nach der Meiji-Restauration führte die Kaiserregierung eine nach westlichem Vorbild verfasste Rechtsordnung ein. Die Übernahme des westlichen Rechtssystems erfolgte nicht aus dem Bedürfnis heraus, dem einzelnen Bürger die gerichtliche Durchsetzung seiner Rechte gegen den Staat zu ermöglichen. Sondern die japanische Regierung zielte vor allem auf eine Revision der nicht gleichberechtigten Staatsverträge des Jahres 1858 ab, die westliche Ausländer der japanischen Gerichtsbarkeit entzogen. So entstand 1898 das heute noch im Großen und Ganzen geltende Bürgerliche Gesetzbuch.

Seit dem Altertum bis in die Gegenwart bedient sich der Staat neben den formellen Mitteln des Rechts in großem Umfang auch noch informeller Mittel, die als administrative Anordnung (Gyoseishido) bezeichnet werden. Mit diesen Anordnungen versucht die Verwaltung im öffentlichen Interesse, großen Einfluss auf Unternehmen und Verbände auszuüben. Die Befolgung der Anordnungen ist freiwillig. Wer aber der Anordnung zuwiderhandelt, dem wird mangelnde Kooperation vorgeworfen. Ferner kann das unkooperative Verhalten die Beziehung zur Verwaltung belasten und nachhaltige Folgen mit sich bringen. Zum Beispiel werden die Entsorgung des Sondermülls und das Recycling von Pfanddosen und -flaschen nach dieser Gyoseishido geregelt, erst in einem zweiten Schritt würde, falls dies nicht funktioniert, ein Gesetz zum Umweltschutz erlassen. Seit dem Altertum wurden die realen Probleme mithilfe von Anordnungen fast immer wesentlich schneller und effektiver behoben.

Eigenheiten der Bürokratie

Die weit verbreitete Meinung, dass der Staatsapparat in Japan seit dem Altertum bis in die Gegenwart immer zentralistisch organisiert gewesen sei, ist ein Irrtum. Die kaiserliche Zentralregierung herrschte ab dem 7. Jahrhundert und währte bis zum Aufstieg des Samurai-Standes im 12. Jahrhundert. Seit der Gründung des ersten Shogunats (1192) bis zum Zerfall des Tokugawa-Shogunats (1867) existierten 266 Fürstentümer, die Japan über Jahrhunderte hinaus föderalistisch regierten. Die Größe und die Finanzen der Fürstentümer waren sehr unterschiedlich. Sowohl in der Landesregierung eines Fürstentums als auch im Shogunat setzten sich die aus dem Heerwesen stammende Organisation und Hierarchie fort. Mit der Wiederherstellung der Kaisermacht (1868) bildete die Meiji-Regierung erneut einen zentralistisch organisierten modernen Staatsapparat. Bis in die heutigen Tage gelten in der Bürokratie jedoch weiter die alten Gepflogenheiten aus den föderalistischen Zeiten. Zum Beispiel bestand der Bushi-Stand im kleinen Fürstentum Awahan im 17. Jahrhundert aus 541 Bushi, darunter 16 Ärzte und vier konfuzianische Gelehrte als Dokumentenverfasser. Die Ärzte und konfuzianischen Gelehrten, die nicht den Bushi zuzurechnen waren, gehörten dem Beamtenapparat des Fürstentums an. (Kasaya 2005, S. 104 ff.) Der Bushi-Stand bezog eine Grundbesoldung nach den Besoldungsklassen. Bushi mit verantwortlichem Posten erhielt außerdem eine Postenzulage. Die Hierarchie im Bushi-Stand gliederte sich in sechs Rangklassen. In jedem Fürstentum gab es Bushi ohne Posten quer durch alle Rangklassen. Die höchste Rangklasse war der Ältestenrat, bestehend aus Vertretern der mächtigen fünf Familien. Nur einer von ihnen hatte eine leitende Funktion in der Fürstenkanzlei inne. Die Berufung auf einen Posten wurde von postenlosen Bushi heiß ersehnt. Für den Amtsträger bedeutete dies einen großen Leistungsdruck und eine harte Konkurrenz unter den Gleichrangigen. Da mit der Besoldung nicht die einzelne Person, sondern das Haus des Beamten entlohnt wurde, war die Konkurrenz umso härter. Innerhalb des Bushi-Standes herrschte ein strenges Leistungsprinzip. In der Tokugawa-Zeit gab es *nur* für den Bushi-Stand die Sippenhaftung, weil das Haus des Bediensteten besoldet wurde. Wenn ein Bushi (mit oder ohne Posten) ein schweres Verbrechen beging, wurde entweder seine Familie in den Bauernstand degradiert oder der Bushi musste einen auf den Bushi-Stand beschränkten Ehrentod (Seppuku) begehen. Der soziale Abstieg eines Bushi in den Bauernstand bedeutete neben dem Verlust des Standes auch den der Besitzungen. Daher gab es in der Tokugawa-Zeit sehr wenig Bestechungsskandale und Korruption im Staatsapparat. Im öffentlichen Leben herrschten Ordnung, Disziplin und Loyalität gegenüber der Organisation und Institution. Bei Entscheidungen in Bezug auf die Landespolitik waren die Meinungen der Bediensteten ausschlaggebend. Zum Beispiel, wenn eine neue Steuer eingeführt oder Finanzprobleme gelöst werden sollten, hatten die Beamten der hohen Rangklassen (Erbposten) oft keine konkreten Maßnahmen parat. Sie waren für schwierige Aufgaben der Innen- und Finanzpolitik zumeist nicht qualifiziert. Die leitenden Posten in der Verwaltung wurden von Beamten aus den unteren Klassen besetzt, die im Krieg herausragende Leistungen erbrachten und im Frieden tüchtig und pflichtbewusst ihrem Dienst nachgingen. Der Ältestenrat eines Fürstenhofes forderte von den Untergebenen immer Lageberichte zu Krisen und auch Lösungsvorschläge für anstehende Probleme, wie etwa eine Dürre, Feuersbrunst oder Wiederaufbaupläne in Katastrophengebieten nach einem Erbeben, Tsunami oder Hochwasser. Die Untergebenen stellten daraufhin konkrete Aufbaupläne zusammen, die alle Sachkundigen und Zuständigen in gemeinsamen Beratungen ausgearbeitet hatten. So wurden die Beamten der niedrigsten Rangklasse (Hirashi) auch in die Planung und Entscheidung mit einbezogen. Die gelieferten Aufbaupläne waren realistisch, so dass sie ohne weitere Beratungen gleich umgesetzt werden konnten. In der Regel wurden die Pläne vom Ältestenrat überprüft und abgesegnet. Wenn einer mit einer besonders genialen Idee zur Behebung bestimmter Probleme beigetragen hatte, wurde er auf einen leitenden Posten (Monogashira) befördert. In so einem Fall gerieten in der feudalen Zeit, als Stand und Beruf eine Einheit bildeten, Leistungsorientierung und Standesordnung in Konflikt. Deshalb mussten Gewichtung und Anerkennung der persönlichen Leistung im Rahmen der bestehenden Standesordnung arrangiert werden. Die Beförderung einer hochbegabten Person aus der niedrigen Rangklasse in einen höheren Rang galt deshalb nur auf Lebenszeit. Die strengen Kriterien für die Beförderung verhinderten zugleich willkürliche Berufungen durch Ranghöhere, die ihren Günstlingen nicht beliebig höhere Posten zuschustern konnten. Da die Entscheidungen in der Politik nicht vom Ältestenrat (Erbposten), sondern von den mittleren leitenden Posten getroffen wurden, wurde eine Machtkonzentration auf ranghohe Personen verhindert. Ein Grund, warum es während der Feudalzeit kaum willkürliche Despoten gab. Dennoch tauchten in der Geschichte Japans hin und wieder derartige Fälle auf: Wenn ein willkürlicher Fürst eine eigensinnige und selbstgerechte Politik machte, schickten ihn die mittleren leitenden Beamten im Einvernehmen mit dem Ältestenrat in den Hausarrest. Diese Tradition und andere Gepflogenheiten der Bürokratie aus den alten Zeiten sind auch in unserem Jahrhundert noch lebendig. Die Vorstellung, dass die obersten

Ämter der Machtapparate Richtlinien vorgeben und die unteren Stellen diese Verordnungen dann stillschweigend durchzuführen haben, ist für die meisten Japaner sehr ungewöhnlich. Nach den verheerenden Katastrophen infolge des Erdbebens vom 11. März 2011 kündigte der damalige Premierminister Kan Naoto eigenmächtig Pläne zum Ausstieg aus der Atomkraft an, ohne sich umfassend mit den zuständigen Behörden beraten zu haben. Seine Ankündigung wurde in den westlichen Medien sehr positiv bewertet, aber in Japan mit großer Befremdung und Skepsis wahrgenommen. Obwohl zwei Drittel der Bevölkerung grundsätzlich für den Ausstieg aus der Atomkraft sind, wurde die Art und Weise, wie er seine Entscheidung getroffen hatte, als sehr befremdend empfunden. Die breite Mehrheit der Bevölkerung, Industrie- und Wirtschaftsverbände sowie die zuständigen Behörden zeigten sich alle sehr skeptisch bezüglich der Umsetzung seiner Pläne. Bald danach gab der Premierminister sein Amt auf.

Konsensbildung

Bei Entscheidungen, die in verschiedenen Lebensbereichen zu treffen sind, haben die Einschätzungen von Personen vor Ort hohen Stellenwert. Nicht nur im Staatsapparat, sondern auch in den Unternehmen wird auf Konsensbildung und die Meinung der Angestellten Wert gelegt. Die traditionsreichen Kaufmannsbetriebe fungierten in der feudalen Zeit als Verwalter und Hausbank für Fürstenhaushalte. Sie hatten bereits im 17. Jahrhundert die Organisation der Fürstenregierung in ihre Betriebsführung aufgenommen. Daraus entwickelte sich die Tradition der Entscheidung auf der Basis von Konsens und Mitbestimmung aller Mitglieder in einem Betrieb.

Es ist bekannt, dass ein Entscheidungsprozess in den japanischen Behörden und Unternehmen eine langwierige Prozedur ist. Ohne Mitbestimmung und Zustimmung der rangniederen Stellen ist eine effiziente Umsetzung kaum zu erwarten. Bis die Konsensbildung abgeschlossen ist und eine Zustimmung der jeweiligen Stelle erteilt wurde, dauert es immer eine Weile. Bei Besprechungen wird von jedem Angehörigen der Belegschaft erwartet, dass er mitdenkt und mitentscheidet. Obwohl die für einen Betrieb wichtigen Projekte zunächst in Sitzungen der Firmenspitze diskutiert werden, wird dennoch auf einen möglichst umfassenden Konsens in der Belegschaft geachtet. In einem demokratischen Diskussionsprozess der Belegschaft werden die Entwicklungspläne konkretisiert. Routineentscheidungen werden gewöhnlich von unten getroffen und nach oben zur Verbesserung oder Überprüfung weitergereicht. Abteilungsleiter sind Vermittler zwischen einfachen Angestellten und höheren Stellen. Sie selbst arbeiten innerhalb der Gruppe der einfachen Angestellten, beraten sich permanent mit ihnen und betreuen sie in allen Belangen. Die meisten Vorschläge resultieren aus praktischen Problemen, von denen ein Abteilungsleiter im täglichen Umgang mit seinen Leuten erfährt. Jeder Änderungsvorschlag wird in den unteren Stellen ausgearbeitet, alle Beteiligten stimmen ihm dann zu, indem jeder Einzelne an seinem Arbeitsplatz das Rundschreiben abstempelt. Danach wird es an die höheren Dienststellen übermittelt. Der Vorgesetzte überprüft die Unterlagen, gibt es keine Bedenken, werden sie zur nächsthöheren Stelle weitergeleitet. Zuletzt überprüft der Ranghöchste das Rundschreiben und segnet die Entscheidung ab. Auf diese Weise kommt eine kollektive Entscheidung zustande, die dann ohne Verzögerung umgesetzt werden kann. Das Rundschreiben mit den Zustimmungsstempeln aller zuständigen Stellen heißt Ringisho, der gesamte Berufsalltag sowohl in Behörden als auch Unternehmen dreht sich praktisch darum. Das Erfahrungswissen und Können der unteren Stellen, die sich viele Jahre mit bestimmten Aufgaben beschäftigen, werden dabei vorrangig berücksichtigt. Daher ist die im Westen verbreitete Ansicht über die japanischen Angestellten, die sich einer Organisation stets unterzuordnen und die in Chefetagen gefällten Entscheidungen nur umzusetzen hätten, völlig abwegig. Auffallend in der Organisation japanischer Betriebe ist außerdem die Disziplin und vor allem die Loyalität. Sie bezieht sich nicht auf eine Führungsperson, sondern auf die Organisation als solche. Diese traditionellen organisationsbezogenen Verhaltensweisen prägen das Grundmuster der Beschäftigungsverhältnisse.

Auch im bürgerlichen Alltagsleben ist Konsensbildung unentbehrlich. Die für eine Gemeinde relevanten Informationen werden durch einen Gemeinderat als Rundschreiben in Umlauf gebracht, das Kairanban heißt. Jeder Einwohner drückt nach dem Lesen seinen Stempel auf das Rundschreiben und leitet es an seinen Nachbarn weiter. So werden alle mit einbezogen und informiert.

Bildung in Terakoya

Der Jesuitenmissionar Franz Xavier, der Mitte des 16. Jahrhunderts nach Japan kam und eine Zeitlang dort lebte, berichtete, dass die Japaner im Allgemeinen sehr wissbegierig seien und dass die meisten Menschen, schon zu seiner Zeit, gut lesen und schreiben könnten. Großlandwirte und regionale Herrscher mussten seit alters für die Führung der Landwirtschaft selbst lesen, schreiben und rechnen können. Es finden sich zahlreiche Dokumente in Heimatarchiven, die von einfachen Bauern abgefasst wurden. Aber nicht nur

Bauern, sondern auch Kaufleute mussten das Lesen, Schreiben und Rechnen beherrschen. Um das Familiengeschäft aufrechtzuerhalten und der nächsten Generation zu übergeben, waren Bildung und betriebliche Erfahrung unabdingbar. Bis Anfang des 17. Jahrhunderts gab es allerdings keine öffentliche Schule, die Bildung der Kinder war grundsätzlich der einzelnen Familie überlassen. Mit Lesen und Schreiben fingen die Kinder im Allgemeinen im Alter von sieben oder acht Jahren zu Hause an. Zur privatschulischen Bildung gab es jedoch seit dem Mittelalter landesweit die sogenannten Tempelschulen (Terakoya). Sie wurden von den schriftgelehrten Priestern der buddhistischen Tempel geführt. Die Priester unterrichteten sowohl die Kinder aus dem Samurai-Stand wie auch aus einfachen Familien. In den Tempelschulen wurden vorrangig allgemeine menschliche Bildung und praxisbezogene Lehrinhalte vermittelt, zum Beispiel das Abfassen von Briefen, Bittschriften und Anträgen für die Behörden. Ende des 16. Jahrhunderts gab es im ganzen Land nur 17 Terakoya; Mitte des 19. Jahrhunderts belief sich die Zahl auf 15.000. Außerdem existierten damals 1438 private Seminare und Kolloquien, die überwiegend von Stadtbürgern betrieben wurden. Über Jahrhunderte hinweg blieben die Unterrichtsinhalte in der Terakoya unverändert: Lesen, Schreiben und Rechnen (mit Abakus). Das Einmaleins wurde im 9. Jahrhundert als Kinderreim verbreitet. Der Gebrauch des Abakus, der im frühen Mittelalter aus China nach Japan eingeführt wurde, breitete sich im 17. Jahrhundert durch Verkleinerung und Verbesserung der Handlichkeit landesweit aus. Der Abakus wurde nicht nur im Handel, sondern in verschiedenen Lebensbereichen verwendet, wie zum Beispiel beim Ausrechnen der Reiserträge, bei der Messung der Ackerflächen und bei der Nachschubversorgung im Kriegsfeld.

Gelernt wurde mithilfe eines landesweit verwendeten Lehrbuchs (*Teikin-orai*) aus dem 14. Jahrhundert, das von einem buddhistischen Priester verfasst wurde. Teikin bedeutet Hauswahlspruch, der den Kindern vom Vater zu vermitteln ist. Das Buch besteht aus zwölf Lektionen für zwölf Monate, wobei jede Lektion in der Form eines Briefwechsels gehalten ist. Der Inhalt umfasst das Grundwissen über diverse Lebensbereiche: Berufe, Essen, Wohnen und Kleidung, Landesverwaltung, Architektur, Gerichtshof, Buddhismus, Ausrüstung des Kriegers, Benimmregeln, Vorkehrungen gegen und Heilung von Krankheiten. Zugleich wurde das Buch als Vorlage für Kalligraphieübungen und das Erlernen der für das öffentliche Leben nötigen Vokabeln genutzt. Ende des 17. Jahrhunderts erschien außerdem ein Lehrbuch, *Shobai-orai*, speziell für Kaufleute und Handwerker, das Hunderte Grundvokabeln für den Handel umfasste: Währungsnamen, Warenbezeichnung, Buchführung sowie Handlungsmaximen und Weisheitsaphorismen für Kaufleute. Die Kinder des Samurai-Standes besuchten die Tempelschule zusammen mit den Kindern aus dem Bauern- und Kaufmannsstand. Darum wurde das Hausgesetz und der Verhaltenskodex des Samurai-Standes (Goseibai Shikimoku) aus dem 13. Jahrhundert ohne Standesunterschied in der Terakoya unterrichtet. Im Samurai-Stand war es seit alters Brauch, dass ein Junge im dritten Lebensjahr von seinen Großeltern mütterlicherseits ein seidenes Gewand und zwei (ein langes und ein kurzes) Schwerter geschenkt bekam. Diese waren das Standessymbol der Samurai. Die Schwerter waren weder Spielzeug noch Kunstgegenstand, sondern es handelt sich dabei um scharfe Waffe. Die Jungen des Samurai-Standes mussten den Umgang mit den Schwertern lernen, wenn sie etwas älter waren. Sie nahmen zumeist im zehnten Lebensalter Unterricht in Wehrkunde bei einem Meister. Die Söhne der Samurai unterer Ränge mussten ein Examen ablegen, um eine Stelle in der Landesverwaltung zu erhalten, in der ihre Väter ihren Dienst verrichteten. Bei dieser Prüfung war die Leistung in den Fächern Lesen, Schreiben und Rechnen von entscheidender Bedeutung. Nach erfolgreich bestandenem Examen durften die Jungen im Durchschnitt mit elf Jahren als Praktikanten bei derselben Dienststelle arbeiten wie ihre Väter.

Die Lese- und Schreibfähigkeit im 17. Jahrhundert lag bei den Männern im Durchschnitt bei 40 %, in der Kaiserstadt Kyoto jedoch sogar bei 80 %. 1850 stieg die Lese- und Schreibfähigkeit in Edo (dem heutigen Tokyo) auf 80 %. Die gute Volksbildung war eine der Voraussetzungen für das Gelingen der Modernisierung des Landes im 19. Jahrhundert. Bis zur Einführung der allgemeinen Schul- und Wehrpflicht (1872) durch die Meiji-Regierung waren die Terakoya der wesentliche Bildungsträger.

In Japan wurde das Beamtenexamen wie in China und in Korea *erstmals* 1790 versuchsweise eingeführt und entpuppte sich entgegen den Erwartungen des Shogunats als unnütz. Folglich kehrte man zu den seit Jahrhunderten bewährten Pflichtfächern zurück: Rechnen (auf hohem mathematischem Niveau) und Schreiben (Verfassen der Dokumente). Bei den Beamtenexamen in China und Korea ging es grundsätzlich darum, ausschließlich Kommentare und Auslegungen der Klassiker des Konfuzianismus abzufassen. Die beiden Länder waren schon immer fest der Ansicht, dass die Hochkultur Chinas der des Westens überlegen war. Sie weigerten sich, westliche Kultur, Technik und Wissenschaft in den Lehrplan aufzunehmen. Anders als diese beiden Nachbarstaaten entschlossen sich die japanischen Reformer von Anfang an, vom Westen uneingeschränkt zu lernen. Sie schickten junge Leute in westliche Länder und holten Fachleute aus dem Westen ins Land, die wichtige Ratgeber für die Industrialisierung und Modernisierung in Japan wurden. 1797 gründete das Shogunat in Edo Shoheiko als die höchste öffentliche Bildungsstätte. Sie setzte es sich zum Ziel, zunächst die Jungen aus dem Bushi-Stand des Shogunats zu Eliten auszubilden. Die Tradition der heutigen Universität Tokyo reicht auf diese Shoheiko zurück. In den folgenden Jahren wurden auch in den Provinzen öffentliche Schulen gegründet. Sie öffneten sich für begabte Jungen aus allen Ständen, die in den Terakoya und privaten Seminaren Wunderknaben genannt wurden. Ins Unterrichtsprogramm der öffentlichen Schulen wurden neben der konfuzianischen Morallehre Wehrkunde und auch westliche Wissenschaften aufgenommen. Im Schulhof jeder öffentlichen Schule gab es einen Übungsplatz für Bogenschießen und Reiten. Die täglichen Übungen in Wehrkunde wurden keineswegs vernachlässigt. Bis zum Zerfall des Shogunats wurde das alte Bildungsideal des Samurai-Standes, Einheit von geistiger und körperlicher Bildung (Bunburyodo), in der öffentlichen Schule gepflegt und gehütet. Auch in unserem Jahrhundert wirkt dieses Bildungsideal immer noch nach: Sowohl in den privaten als auch in den öffentlichen Schulen werden für die Jungen und Mädchen neben dem Sport auch die traditionelle Wehrkunde wie etwa Bogenschießen, Judo oder Fechten mit Naginata (lanzenartigen Hiebwaffen) unterrichtet. In allen Familien wüschen sich die Eltern seit jeher, dass die Söhne wie Samurai kräftig und tapfer aufwachsen und dann Karriere machen. Darum werden jedes Jahr anlässlich des Jungenfests am 5. Mai die als Kunstgegenstand angefertigte Ausrüstung eines Samurai, Helm, Schwert und Panzerhemd, im Wohnzimmer aufgestellt.

Literatur

Kaiserliche Prinzessin Takamatsu. 1998. *Kiku to Aoi no Monogatari*. Tokyo: Chuo Koronsha.
Kaji, Nobuyuki. 2011 (28. Aufl). *Jukyo towa Nani ka*. Tokyo: Chuo Koronsha.
Kasaya, Kazuhiko. 2005. *Bushido to Nihongata Noryokushugi*. Tokyo: Shinchosha.
Suzuki, Fumitaka. 1991. *Kinsei Bushido-ron*. Tokyo: Ibunsha.

2

Einstellung zu Geld und Familienvermögen

Wunderglaube an Geldmünzen

Die älteste japanische Geldmünze aus Kupfer (Fuhonsen) datiert aus dem 7. Jahrhundert. Im Altertum zahlte die Kaiserregierung damit den Sold der Reichsbeamten und die Löhne der zum Bau des Kaiserpalastes eingesetzten Arbeitskräfte. In Japan gab es beachtliches Erzvorkommen, und das Kupfer war jahrhundertelang der wichtigste Exportartikel. Die Menschen jener Zeit waren fasziniert von der Wirkung der Geldmünzen, die für Abgaben und Leistungen zu entrichten waren. Bis zum Aufkommen der ersten Münzen sammelte man seinen Reichtum nur in Form der Ernte oder Reisfelder an. Die mächtigen Großlandwirte um die Kaiserstadt häuften fortan Geld an, um Reisfelder kaufen zu können. So wurde ein Großteil der vorhandenen Geldmenge unter den Böden der Kornspeicher der wohlhabenden Großlandwirte gehortet. Die Kaiserregierung brauchte mehr Geld, um die großen Staatsprojekte, zum Beispiel den Bau von Reichsstempeln und Schreinen, zu finanzieren. Um die in den Kornspeichern gelagerten Münzen in Umlauf zu bringen, vergab die Kaiserregierung gegen

Spendengeld Adelstitel und hohe Posten am Hof. Dies animierte Hofadelige und Großlandwirte allerdings dazu, umso eifriger Geld zu sammeln, damit sie einen seit Jahren ersehnten Posten und Titel erlangen können. Dieses Phänomen war aber nur in den Gegenden rund um die Kaiserstadt zu beobachten. Seit dem 12. Jahrhundert prägte die Kaiserregierung die Geldmünzen nicht mehr selbst, stattdessen importierte sie Münzen aus der Sung- und Ming-Dynastie Chinas und brachte sie in Umlauf.

Für einfache Bauern war im Altertum nach wie vor die Reissaat das Zahlungsmittel. Sie sahen mit Verwunderung, welch große Macht mit Geldmünzen einherging, und glaubten fest daran, dass Geldmünzen eine numinose Kraft innewohnte. Schon immer brachte man Geldmünzen als Wundermittel den Gottheiten bei Kulten, Festen und Verschwörungen dar (siehe Abb. 2.1). Man betete dabei innig, dass mittels der magischen Wirkung der Münzen die Herzenswünsche in Erfüllung gehen mochten. Bis zum frü-

Abb. 2.1 Geldmünzen als Opfergabe vor buddhistischen Statuen

hen Mittelalter vermutete man auch bei den Menschen, die in der Pfandleihe und im Bankbetrieb tätig waren und das Geld scheinbar vermehrten, eine numinose Fähigkeit. Die Pfandleihe entstand im Altertum ursprünglich aus den Tempeln und Schreinen, die den buddhistischen und shintoistischen Gottheiten dargebrachte Opfergaben als Darlehen weiterverliehen. Deshalb wurden die in der Pfandleihe Tätigen im erweiterten Sinne als „Knechte der Gottheiten" angesehen. Verletzte man Personen oder Werkzeuge dieser Berufsgruppen, fürchtete man sich vor der Rache von Gottheiten. Um das 14. Jahrhundert säkularisierten sich allmählich die Ansichten zum Geld und zur Pfandleihe. Der alte Glaube an die Wunderkraft der Geldmünzen und das darauf beruhende Brauchtum aber leben in unserem Jahrhundert noch immer fort: In der Kultstätte im Dorfschrein oder vor der Statue einer Schutzgottheit (Jizo) für Kinderseelen am Wegrand finden sich häufig Münzen der gegenwärtigen Währung. Junge wie Alte bringen heute noch ihre Geldmünzen als Opfergabe dar, wenn sie auf eine Kultstätte treffen, obgleich der ursprüngliche Sinn dieser Handlung schon längst vergessen ist.

Exkurs: Tempel und Darlehen in China

Die Tradition des Darlehens reicht in China bis zur Wirtschaft der buddhistischen Tempel im 5. Jahrhundert zurück. Die buddhistischen Orden hatten zur Finanzierung des Haushalts, Tempelbaus und der Fürsorge für Bedürftige ein auf Darlehen basierendes Finanzierungssystem entwickelt: Als Gaben für Buddha dargebrachtes Reissaatgut stellte das Grundkapital für Darlehen dar. Wohltätigkeit für die Armen ist eine der tragenden Säulen der buddhistischen Lehre, zudem gibt es im Buddhismus kein Zinsverbot. Das Darlehenswesen der buddhistische Tempel in China wurde aber in den folgenden Jahrhunderten durch die Kaisermacht massiv unter Druck gesetzt. Der ursprünglich in Indien entstandene Buddhismus war für die chinesische Kaisermacht ein fremder Glaube. Vor der Überlieferung des Buddhismus wurden in China alte, bodenständige Religionen praktiziert, wie zum Beispiel Taoismus und die Lehre des Konfuzius. Für die weltliche Herrscherklasse war der Aufstieg der buddhistischen Tempel zur wirtschaftlichen Großmacht bedrohlich genug. Aus machtpolitischen Gründen kam es in China bereits im ersten Jahrtausend viermal zur rigorosen Unterdrückung und Verfolgung des Buddhismus: im 5., 6., 9. und 10. Jahrhundert. Im Rahmen der Repressionen wurden immer wieder Korruption und Pfandleihen der buddhistischen Tempel, die sich durch Wucherzinsen bereicherten, an die Pranger gestellt. Im Jahr 845 wurden zum Beispiel über 260.000 Mönche und Priester landesweit zwangsweise laisiert, Tempel zerstört und ihr Eigentum beschlagnahmt (Inoue 2009, S. 27 f.). Obwohl China einst wichtige religiöse Schulen, wie etwa die Tendai-Schule, die Shingon-Esoterik, die Jodo-Schule und auch die Zen-Schule, hervorgebracht hatte, büßte der Buddhismus durch diese Unterdrückung um die erste Jahrtausendwende seine Bedeutung in der Gesellschaft ein. Allmählich rückte die Lehre des Konfuzius als politisches Ideal und Moralphilosophie der Herrscherklasse in den Vordergrund.

Reisanbau und Darlehen in Japan

Seit dem Altertum war es gang und gäbe, im Frühling Reissaat auszuleihen und im Herbst mit geringen Zinsen zurückzuzahlen. Wenn eine fruchtbare Reissaat gut gehegt und gepflegt wird, vermehrt sie sich zu hundertfacher Ernte. Deshalb war es an sich gar nicht schwierig, die Schul-

2 Einstellung zu Geld und Familienvermögen

den mit kleinem Zins zurückzuzahlen. Reis war zu jener Zeit das Grundnahrungs- und Zahlungsmittel. Nicht nur für Abgaben, sondern auch für Frondienste durfte man den Reis verwenden. Neben Reis wurden auch Seide und Baumwolle zu wichtigen Zahlungsmitteln, die bis zum 13. Jahrhundert als Leitwährung fungierten. Im Laufe der Geschichte setzte sich die Regel durch, sich *Geld* auszuleihen und es später in Form von *Reis* zurückzuzahlen. Im Normalfall war das Darlehen zweimal im Jahr, zum Gedenkfest aller Vorfahren im Sommer und zum Jahresende, zu begleichen. Dieser Zahlungsmodus galt bis zum ausgehenden 19. Jahrhundert.

Offiziell gelangte der Buddhismus im 6. Jahrhundert nach Japan, zeitgleich wurde das Finanzierungssystem sowohl für das Tempelwesen als auch das Reich eingeführt. Der als Gaben von Gläubigen dargebrachte Reis wurde vom Tempel auf dem Kreditmarkt als Darlehen angeboten, die daraus erzielten Gewinne wurden zur Renovierung der Tempelanlagen, zur Finanzierung von Feierlichkeiten, der Ordenshaushalte und zur Fürsorge für die Armen verwendet. Nicht nur das Tempelwesen allein betrieb diese Kreditgeschäfte, sondern auch zahlreiche private Pfandhäuser. Ende des 13. Jahrhunderts weitete sich die Geldwirtschaft aus und verdrängte die Naturalien als herkömmliche Zahlungsmittel. Handel und Geldgewerbe, Rüstungs- und Baugewerbe sowie Transportgeschäfte boomten. Alles, sowohl Abgaben aller Arten als auch Frondienste, wurde in Währung umgerechnet. Landesweit entstanden in dieser Zeit zahlreiche Wechselstuben, und die Geld- und Kreditwirtschaft entwickelte sich rasant. Vor allem die chinesischen Währungen aus der Sung- und der Ming-Dynastie dominierten in Japan als Landeswährung. Dennoch war der Reis nach wie vor das wichtigste Zahlungsmittel im Wirtschaftsleben. Einfache Bauern, Handwerker,

Kaufleute und auch der Hochadel bildeten jeweils standes- und gewerbeeigene Darlehenskassen. In der Geld- und Kreditwirtschaft gewannen die buddhistischen Orden und Tempel die Oberhand. Zum Beispiel war 1425 eine große Mehrheit der Sake-Brauereien in Kyoto in den Händen der buddhistischen Tempel. Ebenso wurden Logistik, Transport und Kreditgeschäfte meist von den Ordensleuten (Mönchen und Laienbrüdern) der Tempel betrieben. Bis zum 16. Jahrhundert betätigten sich die Geistlichen der Zen-Schulen aufgrund ihrer Schriftgelehrtheit und guten chinesischen Sprachkenntnisse als Gesandte in China und auch als Berater in Sachen Politik und Finanzen für Fürstentümer und das Shogunat. Im 16. Jahrhundert kam in China Silber als Leitwährung in Umlauf, und die alten Geldmünzen wurden entwertet. Diese Tendenz war auch auf dem japanischen Markt zu beobachten. In Japan wurden darum erneut Reis, Gold und Silber als Leitwährungen eingeführt. Das Tokugawa-Shogunat zog die ausländischen Währungen aus dem Umlauf und prägte 1636 eine eigene Währung (Kaneitsuho). Diese wurde zur Einheitswährung Japans, die sowohl in Westjapan als auch in Ostjapan bis 1860 im Umlauf war. Bis zur Reformation in der Meiji-Zeit wurde zur Besoldung der Reichsbeamten je nach Staatsfinanzen entweder Reis oder die Währung ausgezahlt.

Familienvermögen in der Feudalzeit

In der Feudalzeit bestand das Ständesystem aus dem Samurai-Stand (rund 4,5 %), dem Bauernstand (um die 40 %), dem Kaufmanns- und Handwerkerstand (40–50 %) und der Geistlichkeit 0,9 %, der Rest waren Menschen ohne Stand. Der Anteil des Samurai-Standes an der gesam-

2 Einstellung zu Geld und Familienvermögen

ten Bevölkerung blieb bis zum Zerfall des Tokugawa-Shogunats (1867) fast unverändert.

Das Haus als Ort der Lebensgemeinschaft von Verwandten und nicht Blutsverwandten bildete sich im Adelsstand schon im Altertum (bis zum 12. Jahrhundert) heraus, im Samurai-Stand erst im Mittelalter (bis zum 16. Jahrhundert) und im Bauernstand im 17. Jahrhundert. Seit alters galten Familienname, -beruf und das Familienvermögen als die wichtigsten Lebensgrundlagen. Das Familienvermögen war schon seit dem frühen Mittelalter unteilbar, kein einzelnes Familienmitglied konnte darauf Erbansprüche geltend machen. Unabhängig davon, ob es sich um den Bauern-, Kaufmanns- oder Samurai-Stand handelte: Das Familienvermögen gehörte dem Haus als solchem. Dieses Vermögen wohlbehalten an die nächste Generation zu übergeben, war das höchste Gebot jeder Familie. Im Jahr 1588 verfügte der Reichsverweser Toyotomi Hideyoshi, der aus einem armen Bauernhaus zum Generalissimus aufstieg und das Kaiserreich vereinte, die Entwaffnung aller Wehrbauern. Nur die Gefolgsleute, die im Sold eines Feldherrn standen, wurden dem Samurai-Stand zugerechnet. Gleichzeitig wurden herrenlose Samurai, deren Feldherren im Schlachtfeld umgekommen waren, zu Kaufleuten, Bauern und Handwerkern. Sie gehörten nicht mehr zum Samurai-Stand, weil sie nicht im Dienst eines Feldherrn standen. Samurai im Sold durften ab 1591 fortan grundsätzlich weder ihren Dienstherrn wechseln noch den Beruf des Bauern, Handwerkers oder Kaufmanns ausüben. Die Anfänge vieler Handels- und Handwerksbetriebe, die heute noch bestehen, reichen in diese Zeit zurück. Die Gründerväter dieser Betriebe waren seinerzeit herrenlose Samurai, die diesem Stand zugewiesen wurden. Die Bauern hingegen durften die Berufe der Stadtbürger, also Handwerk und Handel, nicht praktizieren. Im Laufe des 17.

Jahrhunderts festigte sich das Ständesystem, so dass Familie und Beruf zusammen an die nächste Generation vererbt wurden.

Buchhalter und Verwalter im Fürstenhaus

Zahlreiche Rollbilder aus dem Mittelalter belegen, dass sich die Frauen der Kaufmannsfamilien in Geschäften und Pfandleihen betätigten. Neben den großen Kaufmannsfamilien betrieb auch ein altehrwürdiger Zen-Tempel in Kyoto, der Daitokuji-Tempel, Kreditgeschäfte größten Stils. Der Tempel vergab seinen Filialtempeln Darlehen mit niedrigen Zinsen, und die Filialtempel vermittelten diese dann weiter an Bauern und regionale Kaufleute. Auch die Kaufleute um Osaka bekamen vom Daitokuji-Tempel Darlehen und investierten es in den Überseehandel. Kaiserhof und Hochadel beteiligten sich ebenfalls am Überseehandel und waren im Kreditgeschäft aktiv: Ein Angehöriger des Hochadels in Kyoto nahm ein Darlehen auf und kaufte damit ein Dutzend gute Schwerter ein. Er gab sie seinem Bruder mit, der Zen-Priester war, als Gesandter des Kaiserhofes nach China reiste und sie dort zu hohen Preisen verkaufen sollte. Im Mittelalter waren japanische Schwerter in China sehr begehrt und wurden hoch gehandelt. Der Schwerthandel war damals äußerst lukrativ. Der Zen-Priester erzielte einen satten Gewinn und erhielt die chinesische Währung, die wie der US-Dollar in unserer Zeit überall im Umlauf war. So konnte der hohe Adelige in Kyoto seine Schulden mühelos begleichen und dazu noch seinen knappen Haushalt aufbessern, der schon damals mit dem Reisertrag aus den Lehen allein nicht zu decken war. Zahlreiche Adelige am japanischen Kaiserhof des 15. Jahrhunderts machten Schulden und investierten das Geld geschäftstüchtig in den Außenhandel. Kaiserhof, Hochadel sowie hohe Geistliche der Reichstempel und Schreine fanden an Handel und Geldwirtschaft nichts Anrüchiges. In China und in Korea dagegen hielten der hohe Gelehrtenstand und der Hochadel den Handel und das Wirtschaften schlechthin für etwas Anstößiges.

Im 15. Jahrhundert gab es in Osaka und Kyoto zahlreiche Wechselstuben, die von großen Kaufmannsfamilien betrieben wurden. Sie waren damals die Lieferanten des Kaiserhofes und des Shogunats. Im Spätmittelalter gewährten die führenden Kaufmannsfamilien den Regionalfürsten und Adeligen Darlehen. Aus diesen Geschäften gingen die traditionsreichen und führenden Großbanken Japans hervor, die so einen direkten Zugang zum Kaiserhof und Shogunat hatten. Mit den Haushalten des Hochadels und des Shogunats wurden meist Finanzexperten aus diesem Gewerbe betraut. Als Hausbank im heutigen Sinne gewährten die Wechselstuben den Fürstenhöfen Kredite und kümmerten sich um deren Haushalte. Dies hatte zur Folge, dass die führenden Kaufmannsbetriebe den Fürstenhöfen immer größere Kreditsummen gewähren mussten – Darlehen, die im Laufe der Zeit jedoch zu faulen Krediten wurden.

Schulden

Um Ackerboden und Pacht gab es schon früh Rechtsstreitigkeiten, die immer beim Zivilgericht angesiedelt waren. Als die Mongolen im 13. Jahrhundert zweimal eine Anlandung auf japanischem Boden versuchten, wurden die Feldherren des Shogunats zur Verteidigung gegen die fremden Übergriffe aufgerufen. Sie mussten den Feldzug zunächst selbst finanzieren, ihren Sold sollten sie später bekommen. Die Feldherren liehen sich Geld von Kaufleuten und nahmen dafür Hypotheken auf Ländereien auf. Das Shogunat zahlte den Feldherren jedoch den Sold nicht, da nach diesen Kriegen kein neu erobertes Territorium vorhanden war, das an die Feldherren hätte verteilt werden können. Der Feind kam aus Übersee mit dem Schiff und scheiterte beide Male am Sturmwind. Das Shogunat verkündete aus diesem Grund 1297 einen Schuldenerlass, der über zwei Jahrzehnte bestehende Schulden für verjährt erklärte. Damit sollte verhindert werden, dass die Lehen und Ländereien der Feldherren in die Hände der Kaufleute gerieten. Der Erlass sorgte jedoch für Chaos auf dem Kreditmarkt. Ab dem 13. Jahrhundert stieg die Nachfrage nach Krediten drastisch an, gleichzeitig nahmen die Anklagen wegen Schulden erheblich zu. Hin und wieder übte man in dieser Epoche auch gewalttätige Selbstjustiz zur Schuldenbegleichung. In den folgenden Jahrhunderten verkündete das Shogunat wiederholt einen Schuldenerlass, der dann bald wieder aufgehoben wurde. 1661 verhängte das Tokugawa-Shogunat den Erlass, dass Zivilsachen fortan nicht mehr am Gerichtshof zugelassen werden. Allerdings kümmerte sich das Volk nicht um die Anordnung des Shogunats. Eine aktuelle Studie belegt, dass 1718 im Raum Edo knapp 50.000 Anklagen eingereicht wurden, bei 92 % davon handelte es sich um Schuldenstreitigkeiten. Dies weist darauf hin, dass die Menschen mit dem Schuldenerlass absolut nicht einverstanden waren. In Anbetracht dieser Lage verkündete das Shogunat 1719 erneut ein Dekret, das besagte, dass Streitigkeiten um Schulden vor Gericht nicht statthaft seien. Allerdings war es nicht verboten, Klagen wegen Geldstreitigkeiten vor dem Zivilgericht einzureichen. So stapelten sich die Anklagen zu Aktenbergen. Um die Klagelawinen abzuwenden und so den Verwaltungsaufwand zu reduzieren, verkündete das Tokugawa-Shogunat 1843 wiederum einen Erlass, *nur* Straftaten bei Gericht zuzulassen. Trotz der wiederholten Dekrete wurden immer wieder zahlreiche Klagen und Gesuche um einen Prozess beim höchsten Gerichtshof im Shogunat eingereicht. Weil vor dem Zivilgericht keine Schuldenstreitigkeiten erlaubt waren, gab es in Japan über Jahrhunderte hinaus keine Möglichkeit, vor Gericht um Rechtsschutz nachzusuchen. Private Konflikte wurden daher normalerweise durch die Vermittlung der einzelnen Gruppen beigelegt. Bis Inkrafttreten des modernen Rechtswesens nach westlichem Modell war es die Regel, die zivilen Streitigkeiten wegen Schulden außergerichtlich durch beiderseitiges Einlenken und Kompromisse zu regeln. In Japan ist man bis in die moderne Zeit geneigt, eine entstandene, im strengen Sinne rechtswidrige Situation in Zivilsachen, die möglicherweise auch schon eine Zeitlang Bestand hatte, als gegeben hinzunehmen. 1890 wurden das Anklagerecht in Zivilsachen, insbesondere in Rechtsstreitigkeiten um Schulden, und das Zivilgerichtsverfahren endlich gesetzlich fest verankert.

Versetzung der Landesherren

Der Gründervater des Tokugawa-Shogunat, Tokugawa Ieyasu, ließ sich 1603 vom Kaiser zum Shogun ernennen. Er errichtete sein Machtzentrum, den Sitz des Shogunats, in Edo. Die anderen Großfeldherren (Daimyo), die sich zu diesem Zeitpunkt dem Shogun nicht ergeben hatten, mussten ihm den Treueid schwören. Dafür erhielten sie vom Shogunat eine Bestätigung der Jurisdiktion und des Besteuerungsrechtes auf ihr bisheriges Herrschaftsland. Somit wurden ihre durch Kriege erworbenen Eigentumsrechte aufgehoben, und sie wurden zu Belehnten. Außerdem wurde jegliche über das Lehensgebiet eines Großfeldherrn hinausreichende politische Aktivität vom Shogunat streng kontrolliert. Ein Rechtsstreit von Parteien aus verschiedenen Lehen wurde vom Gericht des Shogunats selbst entschieden. Zudem war für Eheschließungen, Adoptionen und die Bestimmung der Erbfolge in den Großfeldherrenfamilien die Genehmigung des Shoguns erforderlich, denn diese Angelegenheiten konnten sich leicht zu einer Verschwörung gegen die Herrschaft des Shogunats entwickeln. Das Shogunat strebte danach, die politische Macht der Großfeldherren zu schwächen und zugleich seine eigene Herrschaft und den Landfrieden zu festigen. Die Domänen des Shogunats machten etwa ein Viertel des gesamten Agrarlandes aus. Hinzu kamen alle bedeutenden Städte, Häfen sowie Gold- und Silberminen, die direkt vom Shogunat verwaltet wurden.

Im Tokugawa-Shogunat wurden die regionalen Feldherren durch den Shogun machtpolitisch wohlüberlegt wie Schachfiguren von einem Lehensgebiet in das andere versetzte. War die Loyalität eines Feldherrn suspekt, so wurde er entweder in das fernste Randgebiet oder auf Ländereien zwischen loyale Feldherren versetzt. Damit sollte das Entstehen einer neuen regionalen Großmacht verhindert werden. Die Versetzung hieß in der Umgangssprache „Umtopfen" der Großfeldherren. Die regionalen Feldherren erhielten vom Shogun eine Urkunde für die Jurisdiktion am neuen Dienstort. Das Tokugawa-Shogunat zählte bis zum Zerfall 15 Generationen, und jedes Mal bei Amtsantritt eines neuen Shoguns erfolgte die Versetzung der Landesherren. So sollte die über Jahrzehnte hinaus gewachsene enge Bindung zwischen den Landesherren und ihren Untergebenen aufgebrochen werden. Bei der Versetzung folgten die Gefolgsleute ihrem Herrn zum neuen Dienstort. Der Landesherr war nicht befugt, die an seinem neuen Dienstort ansässige Bevölkerung zur Annahme seiner Konfession zu zwingen. Wenn ein Landesherr zum Beispiel dem Glauben des Zen-Buddhismus anhing und die meisten Einwohner im Lehensgebiet der Shingon-Esoterik, mussten sie nicht zum Glauben des Landesherrn konvertieren. Die Landesherren waren sich stets dessen bewusst, dass ihnen sowohl das Land als auch das Volk vom Shogunat anvertraut waren. Im Jahre 1635 wurden die Landesherren schließlich dazu genötigt, mit ihrer Familie in Edo zu residieren; auch mussten sie sich eine Zeitlang allein, unter Zurücklassung ihrer Familie in Edo, in ihrem Lehensgebiet aufhalten. Die in Edo wohnhaften Familien waren in gewissem Sinne „Geisel". Diese Doppelhofhaltung stellte für den Haushalt der Landesherren finanziell eine enorme Belastung dar. Seit dem 18. Jahrhundert litten zahlreiche Landesregierungen im ganzen Land chronisch unter Finanznot. Zahlreiche Landesregierungen wussten nicht, wie sie mit ihrem defizitären Haushalt zurechtkommen sollten.

Samurai-Stand als Soldempfänger

In der Tokugawa-Zeit mussten die Bauern 40 % ihrer Jahresernte als Abgaben dem Landesherrn entrichten, dieser behielt 10 % davon als Vergütung für sein Amt und seine Funktion. Der Rest wurde für die Verwaltungskosten seiner Landesregierung (Besoldung des Bushi-Standes, Bau- und Wartungskosten der Bewässerungsanlagen usw.) ausgegeben. Wie bereits im Kapitel „Eigenheiten der Bürokratie" erörtert, stand allen Beamten (Bushi) in der Landesregierung eine Grundbesoldung nach Besoldungsklassen zu, Beamte mit Posten bekamen außerdem Postenzulagen. Im Shogunat gab es verbeamtete Bushi, die kein eigenes

Lehen hatten und vom Shogunat mit Reis entlohnt wurden. In der zweiten Hälfte des 19. Jahrhunderts geriet das Tokugawa-Shogunat in seine schwerste Krise: Aufgrund von Finanzkrisen und Bürgerkriegen sowie des militärischen Drucks westlicher Mächte, das Land zu öffnen, war das Shogunat nicht mehr regierungsfähig und zerfiel. Nach den Bürgerkriegen kamen Bushi unteren Ranges aus den Provinzen als politische Führungskräfte an die Macht. Sie setzten es sich zum Ziel, die Kaisermacht zu restaurieren und gleichzeitig mit verschiedenen Reformen das Land rasch zu modernisieren. Das Tokugawa-Shogunat trat im Oktober 1867 Land und Volk, über das es mehr als 260 Jahre lang geherrscht hatte, an den Kaiser ab: die sogenannte Meiji-Restauration. Den Landesherren war es keineswegs unrecht, dass die Kaiserregierung die Altlasten der Länder in vollem Umfang übernahm und ihnen wie bisher dieselbe Besoldungshöhe von 10 % der gesamten Abgaben zusicherte. Im Gegenzug mussten die Landesherren die Herrschaft über die Lehen abtreten, ein Angebot, das sie ohne großen Widerstand annahmen. Die ehemaligen Landesherren stiegen im neuen Ständesystem zum Hochadel auf und wurden von der Kaiserregierung bald als Abgeordnete des Oberhauses ins Parlament berufen. Um Amt und Funktion der Landesherren zu erfüllen, wurden die von der Kaiserregierung geschulten Beamten aus dem unteren Rang des Bushi-Standes als Präfekten in die Provinzen entsandt (siehe Abb. 2.2). Der Volkszählung 1873 zufolge hatte das Land 33 Millionen Einwohner, wovon in der *neuen* Ständeordnung 93,4 % dem Bürgerstand, 4,5 % dem Adelsstand bestehend aus Hochadel, Daimyo und Bushi sowie 0,9 % dem Geistlichenstand zuzurechnen waren. Die Privilegien des Bushi-Standes wurden abgeschafft, dies betraf 1876 vor allem das Recht auf Schwertführung und die Umwandlung der

Abb. 2.2 Hausherrngemach des Bushi-Standes

Pensionen in eine einmalige Auszahlung. Daraufhin brachen landesweit Samurai-Unruhen aus. Die Kaiserregierung versuchte mit verschiedenen Maßnahmen, den degradierten Bushi zu finanzieller Selbstständigkeit zu verhelfen: Ein großer Teil der rangniederen Bushi wurde zu Beamten in der Präfekturverwaltung, der Rest zu Bankangestellten, Lehrern, Journalisten oder Bauern. Manche Bushi versuchten, mit ihrer einmaligen Abfindung eine Existenz in Handel oder Handwerk zu gründen. Viele von ihnen scheiterten. Der Adelsstand wurde nach dem Zweiten Weltkrieg mit der Verkündung der neuen Verfassung (1947) endgültig abgeschafft. Der Adel wurde verbürgerlicht, sein Besitz verstaatlicht und die Führung eines Adelstitels verboten. So existieren heute in Japan nur noch das Kaiserhaus und freie Staatsbürger.

Eigentumsgedanke bei Kaufmannsfamilien

Ein Kaufmannsbetrieb ist ursprünglich ein Einzelhandel. Wurde er zu einer aus Verwandten und nicht blutsverwandten Mitgliedern bestehenden Betriebsgemeinschaft, so war der Hausherr zumeist nur noch der nominelle Eigentümer. In einem erfolgreichen, traditionsreichen Familienbetrieb durfte der Hausherr seit alters bei der Betriebsführung von der Haustradition nicht abweichen, obwohl er nominell Herr des Hauses war. Traditionell war er nur ein Verwalter, der das Hausvermögen zu vermehren oder zumindest wohlbehalten der nächsten Generation zu übergeben hatte, gemäß dem alten Sinnspruch: „Der Hausherr selbst ist für die Vorfahren nur noch ein Tedai (Gehilfe, Bediensteter im Geschäft)." Auch zahlreiche Aphorismen und Wahlsprüche von Kaufmannsfamilien mahnen, das Familiengeschäft nicht als persönliches Eigentum zu betrachten. Ein weiterer Sinnspruch offenbart, wie schwierig ein Betrieb über drei Generationen hinaus aufrechtzuerhalten ist: „Die Eltern schuften, die Kinder verprassen und die Enkel gehen betteln." Ein höhnischer Spruch bringt es auf den Punkt: „Die Arbeit der dritten Generation ist es, ein Aushängeschild mit der Aufschrift ‚Hausverkauf' anzufertigen." Im Vergleich zu Bauern mit Ackerland war es für Kaufmannsfamilien wesentlich schwerer, ihren Familienbetrieb zu bewahren. Denn das Gedeihen und der Untergang eines Geschäfts hingen immer eng mit der Konjunktur und dem Wandel der Gesellschaft zusammen. Seit jeher war für einen Kaufmannsbetrieb das Fortbestehen des Familiengeschäfts höchstes Gebot und Herzensanliegen. Darum hielten zahlreiche Kaufmannsfamilien ihre Wahlsprüche, Aphorismen und goldene Regeln schriftlich fest und gaben sie als Handlungsmaximen weiter, die wir im

Kapitel „Goldene Regeln in Familienbetrieben" näher betrachten werden.

Ackerboden der Bauern

Für die Bauern stellte ihr Ackerland ebenfalls ein von ihren Vorfahren anvertrautes Gut dar, das sie der nächsten Generation zu vererben hatten. Die Nutzungsrechte des Ackerbodens gründeten auf jahrhundertealten Gewohnheiten und Brauchtum: Verkauf, Kauf und Verpachten des Ackerbodens wurden in der Dorfgemeinde immer einvernehmlich geregelt. Die regional sehr verschiedenen Gewohnheitsregeln im Reisanbau hatten Vorrang in der Rechtspraxis, im frühen Mittelalter führte das Shogunat ein überregionales Rechtswesen ein, das im Grunde genommen meist eine Ergänzung und Klärung der Gewohnheitsregeln darstellte. Bei Abgaben und Leistungen war die Besteuerungseinheit seit den frühesten Anfängen nicht der einzelne Bauernhof, sondern die ganze Dorfgemeinde, die aus mehreren Bauernhöfen bestand. Die Aufteilung der Abgaben und Leistungen war grundsätzlich von den Bauernhöfen der Dorfgemeinde selbstständig zu regeln. Das Tokugawa-Shogunat verfolgte über Jahrhunderte hinweg eine strenge Politik zum Schutz der Bauern. Denn der Reisanbau war das wichtigste Fundament von Volkswirtschaft und Staatsfinanzen. Wenn die Abgabenerhebung durch die regionalen Behörden ungerecht und despotisch erfolgte, durfte die betroffene Dorfgemeinde direkt beim Shogunat Klage erheben. Dies war in zweierlei Hinsicht von Bedeutung: zum Schutz der Bauern einerseits und zur Stärkung der Kontrollmacht des Shogunats über die Landesherren andererseits. 1643 verkündete das Shogunat ein Gesetz, das den Verkauf der Reisfelder *für immer* verbat.

Ohne Sicherung der Reisernte wären die Finanzen und der Frieden des Landes höchst gefährdet gewesen. Darum durfte der Bauernstand auf keinen Fall seine genuine Aufgabe, den Reisanbau, vernachlässigen. Nur in den ruhigen Wintermonaten durften die Bauern ihren Wohnsitz verlassen und in den Städten mit handwerklichen oder kaufmännischen Arbeiten einer Nebentätigkeit nachgehen.

Um den Zerfall der kleinen Bauernhöfe zu verhindern, verkündete das Shogunat ferner einen Erlass, der ein Dasein als Knecht oder Magd, das länger als ein Jahrzehnt währte, strikt untersagte. Denn eine unbefristete Leiharbeit führte zwangsläufig zu Leibeigenschaft, und die wollte das Shogunat vermeiden. Seit dem Altertum war es üblich, dass hoch verschuldete Bauernhöfe ihre Söhne und Töchter den Gläubigern als Leiharbeiter zur Verfügung stellten. So konnten sie ihre Schulden durch die Arbeitsleistung ihrer Kinder zurückbezahlen. Wenn die Schulden aber nach einem Jahrzehnt dennoch nicht abbezahlt waren, wurden die geliehenen Arbeitskräfte automatisch zu Leibeigenen. Ein kleiner Bauernhof mit chronischen Schulden fuhr jedoch aufgrund mangelnder Arbeitskräfte noch weniger Ernte ein als zuvor, und die Lage wurde im Laufe der Zeit immer schlechter. Wenn ein Bauernhof schließlich zahlungsunfähig wurde, ging der Ackerboden in die Hände der Gläubiger über. Bereits im 18. Jahrhundert wurden wohlhabende Kaufleute so Besitzer von großen Reisfeldern. Ihre Abgaben entrichteten die Kaufmannsbetriebe in den Städten, aber die Frondienste hatten die Pächter selbst zu leisten. Ende des 18. Jahrhunderts kam es vermehrt dazu, dass die Dorfgemeinden die Reisfelder der hoch verschuldeten Pächter wieder von den Kaufmannsfamilien zurückkauften. Das Shogunat begrüßte und förderte den Rückerkauf landesweit, denn so konnte die von den Dorfgemeinden traditionell autonom geführte soziale Fürsorge geleistet und der Landfrieden gesichert werden.

Eigentumsrechte in der Moderne

In feudalen Zeiten war es bei den Bauern üblich, dass alle Söhne bis auf den Erben, der nicht immer der Erstgeborene sein musste, Haus und Hof verließen. Sie hatten die Möglichkeiten, von einer kinderlosen Familie adoptiert zu werden, als Lehrling bzw. Handwerksgeselle in der Stadt zu arbeiten oder auch den geistlichen Beruf eines Mönchs zu ergreifen. Diejenigen, die keine andere Möglichkeit hatten, blieben lebenslang auf dem elterlichen Hof als Gehilfen. Die großen Kaufmannsbetriebe in Osaka beschäftigten gewöhnlich ein Dutzend Handelsgehilfen und Laufburschen im Hause. Diese waren Söhne aus mittelgroßen Bauernhöfen. Die Söhne der Pächter wiederum arbeiteten als Leiharbeiter für eine bestimmte Frist an großen Bauernhöfen oder verdingten sich als Tagelöhner in der Stadt. 1872 erkannte die Kaiserregierung nach Feststellung der bestehenden Nutzungsverhältnisse den bisherigen Nutzern das Eigentumsrecht gesetzlich zu. So wurden die meisten Bauern zu Eigentümern ihrer Reisfelder und konnten diese endlich frei verkaufen, was bis dahin nur mit Einwilligung der Dorfgemeinde möglich gewesen war. Somit wurde die Grundlage eines modernen Kapitalismus geschaffen. 1886 wurde auch das Gesetz der Eintragung ins Grundbuch verkündet. In der Gesetzesreform 1898 wurde dann festgelegt, dass der erstgeborene Sohn einer Bauernfamilie der Erbe sein sollte.

Als das Gesetz zum Verkaufsverbot des Ackerbodens 1872 aufgehoben wurde, bezifferte sich das landwirtschaftlich genutzte Lehensgebiet auf 70 % des Landes. Der Rest gehörte den Großgrundbesitzern, deren Land von kleinen Pächtern bestellt wurde. In den Jahren zwischen 1890 und 1892 musste zum Beispiel ein Pächter seinem Grundbesitzer 51 % der gesamten Reiserträge und dem Staat 13 % entrichten, nur 36 % konnte er für sich behalten.

Bereits im Laufe des 19. Jahrhunderts gerieten große Landflächen in die Hände reicher Kaufleute in den Großstädten. Im späten 19. Jahrhundert grassierten die Wucherzinsen auf dem Kreditmarkt, und zahlreiche Privatbanken und Großbanken vergaben den Bauern Darlehen auf Hypotheken für Ackerboden und Wälder. Die Hypotheken fielen sehr bald diesen Banken zu, die in rasantem Tempo zu einer bedeutenden Wirtschaftsmacht aufsteigen konnten. Die Banken ermöglichten dem Militär die Ausrüstung in den Kriegsjahren mit China und Russland und dem Staat die Kolonialisierung von Südostasien. Im Zweiten Weltkrieg wirkten die Großbanken und Unternehmensimperien mit dem Militär zusammen. Nach dem Zweiten Weltkrieg setzte sich die Besatzungsmacht USA die Entmilitarisierung, Demokratisierung und Modernisierung der japanischen Gesellschaft zum Ziel ihrer Reformpolitik. Darum war es notwendig, die noch immer als Konglomerat handelnden Großbanken und Unternehmensimperien zu zerschlagen. Mit der Zerschlagung der großen Unternehmen 1947 zielten die USA darauf ab, eine erneute Aufrüstung des Militärs zu verhindern. Nach der Zerschlagung lebten jedoch die einstigen Unternehmensimperien, wie zum Beispiel Mitsui, Sumitomo, Mitsubishi und Yasuda, sehr bald wieder auf. Das Unternehmen Mitsui beispielsweise, das in den Nachkriegsjahren in mehr als 200 Einzelunternehmen zerschlagen wurde, schloss sich in den 1960er-Jahren wieder zu einem Unternehmensverband zusammen.

Im Jahr 1952 kaufte der Staat den Großgrundbesitzern 80 % des Grunds und Bodens ab und verkaufte die Flächen an ehemalige Pächter zu einem sehr niedrigen Preis weiter. So entstand in Japan ein breiter Mittelstand mit Eigentum. In den Phasen des Wirtschaftsaufschwungs nach dem Zweiten Weltkrieg gewährten die Banken den Bau- und Großunternehmen in allen Branchen Darlehen auf Hypotheken. Insbesondere die Bauunternehmen erwarben in den Vororten der Großstädte in großem Umfang Grundstücke zum gewünschten Preis der Grundbesitzer und bauten darauf Häuser und Wohnungen. Die Industriearbeiter in den Städten waren meist Söhne aus Bauernhöfen, ihnen alle stand nach dem neuen Zivilgesetz der gleiche Anteil am Erbe der Familie zu. Manche Angestellten erhielten auf ihren Erbanteil in der Heimat oder auf die neu erworbenen Immobilien große Darlehen. Auf diese Weise konnten auch normale Arbeiter und Angestellte Wohnungen und Häuser erwerben. Der Mythos, dass Grund und Boden das sicherste Kapital seien, breitete sich in den folgenden Jahrzehnten immer weiter aus. In den Jahren zwischen 1985 und 1992 wurde die Bodenpreise in Japan durch Spekulanten aus dem In- und Ausland in die Höhe getrieben. In der Konsequenz kam es zu zwei sogenannten verlorenen Jahrzehnten, und auch heute plagt die andauernde Deflation die Nation immer noch.

Literatur

Inoue, Yasuya. 2009. Higashi-Ajia ni okeru Karite to Kashite. In *Rekishi wa nemuranai*. (Hrsg) K. Ihara, S. Ozawa, T. Hayasaka, S. Yano, M. Kohatsu, NHK. Tokyo: NHK Shuppan.

3

Goldene Regeln in Kaufmannsfamilien

Aufbau und Wertorientierung der japanischen Wirtschaft

Die Bevölkerungszahl in Japan beläuft sich aktuell auf rund 125,5 Millionen Menschen, davon sind 66,76 Millionen erwerbstätig. Nur etwa 0,3 % der japanischen Industriebetriebe zählen zu den Großunternehmen mit mehr als 301 Beschäftigten; den Großteil bilden Mittelständische und Kleinbetriebe mit weniger als 300 Mitarbeitern. Rund 70 % aller Erwerbstätigen sind in diesen Betrieben tätig. Infolge eines gesellschaftlichen Strukturwandels nach dem Zweiten Weltkrieg ist der Anteil der Agrarwirtschaft am Bruttoinlandsprodukt von 9 % (1960) auf 4,8 % (2017) zurückgegangen; dagegen stieg der Anteil der Industrie auf 26,1 % an, der Anteil der öffentlichen und privaten Dienstleistungsbereiche am Bruttoinlandsprodukt liegt bei 67,2 % (Quelle: Statistik von Cabinet Office, Japan 2017)

Das Institut für Wirtschaftsdatenforschung GmbH Teikoku Databank in Tokyo untersuchte in seinem Datenbestand eingepflegte 1,47 Mio. Unternehmen und veröffentlichte 2019 folgende Ergebnisse, dass 33.259 Unternehmen über 100 Jahre alt und darunter 1340 Unternehmen über 200 Jahre alt sind. 32 Unternehmen sind über 500 Jahre alt, 7 Unternehmen sind über 1000 Jahre alt. 70 % dieser traditionsreichen Unternehmen stammen aus Handel und Gewerbe: 8344 aus dem produzierenden Gewerbe (25,1 %), 7782 aus Einzelhandel (23,4 %), 7359 aus Großhandel (22,1 %) (Quelle: Shinise Kigyo-no Jittai Chosa, Teikoku Databank, Japan 2019)

Ein großer Teil (77,6 %) der untersuchten Familienunternehmen hat eines gemeinsam: Sie haben hauseigene Wahlsprüche, die den Moralkodex des Betriebes widerspiegeln, entweder in schriftlicher Form oder in mündlicher Überlieferung. Die überlieferten Regeln gelten in den Betrieben als Geheimrezepte für ihr erfolgreiches Bestehen. Zahlreiche Unternehmer besinnen sich in einer betrieblichen Notlage und Krise wieder auf ihre Wahlsprüche und finden darin sowohl Ermutigung als auch Ermahnung. Jahrhundertealte Wahlsprüche der Familienbetriebe sind heute noch die Prinzipien der Unternehmen und dienen allen Beschäftigten zur Orientierung. Vertrauen gilt als eines der wichtigsten Gebote, ihm folgen dann Aufrichtigkeit, Festigkeit, Tradition und Harmonie. Die Tradition halten die Befragten bisweilen für einen Nachteil, weil sie schnelle Entscheidungen und Anpassungen an den Wandel behindere. Kleine und mittelständische Familienbetriebe waren seit dem Mittelalter bis in die Gegenwart wesentlicher Träger der Volkswirtschaft. Auch die gegenwärtig weltweit führenden Großunternehmen waren einst kleine Familienbetriebe, sie stehen stellvertretend für die Tradition der japanischen Betriebsführung. Prinzipien und Handlungsmaximen dieser kleinen Familienunternehmen haben einen nachhaltig prägenden Einfluss auf die Gesellschaft und Wirtschaft. Obwohl zwei große Umwälzungen, die Meiji-Restauration und der Zweite Weltkrieg, epochale Zäsuren in der Tradition darstellten, blieben die alte Unternehmensmoral und die Handlungsmaximen der Familienbetriebe als Grundwerte weiterhin in der Arbeitswelt und den Institutionen erhalten. Um Einblicke in die Funktionsweise japanischer Familienbetriebe zu gewinnen, werden im Folgenden idealtypische Beispiele anhand einiger kleiner Betriebe vorgestellt.

Das höchste Gebot der Familienbetriebe

In den Familienbetrieben, bestehend aus dem Hausverband von Verwandten der Haupt- und Zweigfamilien, sind drei Dinge wichtig: der Familienbetrieb, das Familienvermögen und das Familienwappen als Markenzeichen. Das oberste Gebot jedes Kaufmannshauses war die Bewahrung des Familiengeschäfts, das grundsätzlich unteilbares Familienvermögen war. Dieses Gebot zu beachten, war die Pflicht sowohl des Hausherrn als auch aller Familienangehörigen und Bediensteten im Haus. Im japanischen Kaufmannsstand galt die Loyalität der Beschäftigten dem Betrieb selbst. Es war nicht selten, dass unfähige Hausherren der Kaufmannsbetriebe durch Bedienstete und Verwandte zwangsweise in den Ruhestand geschickt wurden. Die Regeln für diesen Fall legte das Hausgesetz konkret fest. Selbst in einem mittelgroßen Kaufmannsbetrieb wurde dieser Vorgang in den Wahlsprüchen ausdrücklich erwähnt: Einem zwangsweise in den Ruhestand versetzten Hausherrn sollte vom Betrieb der Lebensunterhalt in einer festgelegten Höhe erstattet werden.

Auch die traditionsträchtigen Betriebe standen in ihrer Geschichte hin und wieder vor wirtschaftlichen Krisen. Wie aber schafften sie es, diese Krisen zu überstehen? Nur selten waren einem Hausherrn sowohl Führungskraft, merkantiles Talent, Geschick, Intelligenz, Erfahrung als auch Glück beschieden. Im frühen 17. Jahrhundert war Osaka die Handelsmetropole, dort wurden die Reispreise gehandelt und der Reis in Geld umgetauscht. Damals beschrieb der Romancier Ihara Saikaku (1642–93) anhand von zehn Erfolgsgeschichten, welche Tugenden Kaufmannsbetriebe zum größten Erfolg und Wohlstand geführt hatten. Es waren Fleiß, Aufrichtigkeit, Sparsamkeit, Klugheit und Geschäftssinn. Ihara betonte, dass ohne diese Tugenden kein Wohlstand zu erlangen sei. Die meisten Kaufmannsfamilien in Osaka hatten ihre Wahlsprüche mitten in der Wirtschaftskrise im 18. Jahrhundert abgefasst. In Anlehnung an die erfolgreichen Unternehmen hielten auch die kleinen Familienbetriebe eigene Betriebsregeln und die Grundlagen der Arbeitsmoral in ihren Wahlsprüchen fest. Allgemeine Wahlsprüche von Kaufmannsbetrieben lauten etwa: „Vernachlässige das Kerngeschäft nicht!" „Steige nicht in fremde Branchen ein!" „Moderates Wachstum im Boom, mehr Stabilität in der Krise!" Zahlreiche Wahlsprüche warnen vor betriebswirtschaftlichen Abenteuern. Und davor, ein geschäftliches Risiko einzugehen, wurde quer durch alle Branchen und über Jahrhunderte hinaus gemahnt.

Erben in Kaufmannsfamilien

Das seit dem 17. Jahrhundert dominierende Auswahlprinzip bei der Erbfolge in Shogun-Familien, das Prinzip des Erstgeborenen, galt in Kaufmannsfamilien nicht. In Handel und Gewerbe sind heute wie damals merkantiles

Talent und Führungskraft im Betrieb gefragt. Einem Sohn ohne Geschäftssinn das Familiengeschäft zu vererben, führte unweigerlich zum Untergang des Hauses. Wenn ein Kaufmannshaus glücklicherweise einen klugen und tüchtigen Sohn hatte, wurde er ohne Weiteres der nächste Erbe. Interessierte sich aber der Sohn nicht für das Geschäft, dann musste er unwiderruflich aus dem Geschäftsleben ausscheiden. Er erhielt eine Abfindung und durfte fortan seinen Interessen nachgehen. Im Kaufmannshaus erhielten auch die Geschwister eines Erben jeweils ihren Vermögensanteil. Zum Beispiel bekam in Osaka der Erbe 60 % des Familienvermögens, der Rest stand den Geschwistern zu. Auf einem Bauernhof aber wurde einem Erben allein der ganze Hof vererbt. Die anderen Geschwister gingen so lange leer aus, bis das moderne Gesetz 1947 in Kraft trat.

Die Erben der Kaufmannsfamilien waren traditionell oft die Töchter oder die adoptierten Schwiegersöhne. In den traditionsreichen Kaufmannsfamilien war es die Regel, dass das Geschäft einer Tochter oder ihrem Ehemann, der wegen seiner kaufmännischen Fähigkeiten in die Familie adoptiert wurde und eine Tochter der Familie heiratete, vererbt wurde. Die Adoptivschwiegersöhne waren im Allgemeinen langjährig gediente und fast ohne Ausnahme erfahrene, begabte und tüchtige Generalmanager und nahmen den Familiennamen ihrer Ehefrau an. In einem über 400 Jahre alten und heute noch aktiven Familienunternehmen in Kyoto sind zum Beispiel über die Hälfte der Erben Töchter der Familie. Ein Adoptivschwiegersohn kannte sich im Geschäft bestens aus. Mit ihm war die Zukunft des Hauses in guten Händen. In diesem Fall wurden jedoch das gesamte Familienvermögen, der Familienname sowie das Wappen des Betriebes oft der Tochter vererbt. Betrieb der Schwiegersohn im Geschäft fatale Misswirtschaft, wurde die Ehe geschieden und so das Familienunternehmen gerettet. Die

Stellung der Frauen war in den Kaufmannsbetrieben und Handwerkstätten, in denen die Frauen genauso wie die Bauersfrauen im Reisanbau eine unverzichtbare Arbeitskraft waren, wesentlich stärker als die der Frauen im Samurai-Stand. In den Kaufmannsfamilien konnten die Frauen rechtlich das Hausvermögen erben und verwalten.

Frauen in Familienbetrieben

In der Kaufmannswelt war das Fortbestehen des Betriebes das höchste Gebot. Es kam oft vor, dass der Hausherr eines Kaufmannsbetriebes sehr früh starb, ohne die Nachfolgefrage zu regeln. Wenn der Nachfolger minderjährig war, wurde er zwar als nomineller Hausherr ernannt, aber das Geschäft wurde praktisch von der verwitweten Hausherrin geführt. Die Familiendokumente aus dem Haus Kashiwaya (Hauptsitz in Kyoto), das als führender Großhandel für Textilien seit dem 17. Jahrhundert besteht, belegen, dass die Bestimmung der Erbfolge den Bediensteten im Geschäft überlassen wurde, als der Hausherr in der vierten Generation sehr früh kinderlos starb. Der aus dem Verwandtenkreis stammende Nachfolger war zu diesem Zeitpunkt noch ein Säugling, deshalb führte die Witwe des vierten Hausherrn, Riyo, Aufsicht über das gesamte Geschäft, das sich zwischenzeitlich auf Papier- und Lackwarenhandel ausgeweitet hatte. Im Laufe der Jahre wurde das Kind, das nomineller Hausherr war, dann im Tagesgeschäft durch erfahrene Bedienstete zu einem tadellosen Hausherrn erzogen. Das Geschäft florierte dank der tüchtigen Bediensteten. Da der Hausherr der fünften Generation ebenfalls kinderlos blieb, suchte Riyo ein Adoptivkind in ihrem Verwandtenkreis. Der Adoptivsohn sollte der nächste Hausherr werden, war aber von Jugend an verschwenderisch und machte Schulden. Deshalb schrieb die Hausherrin Riyo gegen Ende ihres Lebens den geschäftsführenden Generalmanagern (Banto), dass sie ihnen die Erbfolgefragen überlassen wolle. Riyo schätzte ihre zuverlässigen und treuen Hausbediensteten sehr hoch. Ein halbes Jahr nach ihrem Tod hatten die Banto den verschwenderischen Adoptivsohn von der Erbfolge entbunden und schickten ihn mit einer kleinen Abfindung und Hausrat in seine Heimat zurück. Für den Betrieb Kashiwaya suchten die Generalmanager einen Adoptivsohn aus dem Verwandtenkreis ihrer verstorbenen Hausherrin Riyo aus. Dieser musste als Hausherr der sechsten Generation den Generalmanagern einen schriftlichen Eid ablegen, dass er nicht nur die Erbfolgefragen, sondern auch alle Angelegenheiten im Betrieb den Geschäftsführern in Edo und in Kyoto sowie den Zweigfamilien überlassen werde. Die Hausherren der siebten und der achten Generation stammten ebenfalls aus dem Verwandtenkreis von Riyo. Die Vermächtnisse der Vorfahren und von Riyo wurden von den geschäftsführenden Managern immer wieder zitiert, wenn sie ihren Hausherrn ermahnen und an den im Unternehmen herrschenden Geist erinnern wollten.

Bis zur Novellierung der Familiengesetze 1898, in deren Zuge der älteste Sohn einer Familie zum Hausvorstand und alleinigen Erben bestimmt wurde, ging das Erbe in der Kaufmannswelt nicht immer an den Erstgeborenen des Hauses. Der Anteil der ältesten Söhne an der Erbfolge machte bis zum ausgehenden 19. Jahrhundert im Durchschnitt 45 % bezogen auf alle Familienunternehmen aus. Diese Statistik basiert auf dem Familienregisterbuch, in Wirklichkeit jedoch lag die Geschäftsführung meist in den Händen der Frauen. Und noch in der Gegenwart werden manche Familienbetriebe, vor allem die traditionellen japanischen Gasthäuser (Ryokan), de facto von einer Hausherrin geführt, die entweder Tochter oder Schwiegertochter des Hauses ist. Aus einem historischen Forschungsergebnis geht hervor, dass in einem Filialbetrieb des Unternehmensimperiums Mitsui 76 % der Erben Adoptivsöhne waren. Darüber hinaus gibt es heute noch geltende Wahlsprüche und Hausgesetze, die als Erben ausdrücklich einen *Adoptivsohn* fordern. Zum Beispiel schreibt das Hausgesetz eines traditionsreichen Großhandels mit Japan-Papier in Tokyo wie folgt vor: „Wenn in der Familie ein männlicher Nachkomme geboren wird, soll er im Filialbetrieb eine Lehre machen, dabei soll man ihn wie üblich als Bediensteten behandeln. Der Erbe des Hauses darf auf keinen Fall aus der Familie stammen. Die männlichen Nachkommen der Familie sollen als Adoptivkinder für eine andere Familie zur Verfügung stehen. Als Erbe dieses Hauses soll ausschließlich ein Adoptivschwiegersohn gewählt werden. Diese Regel sollte in Ewigkeit gelten." Dies bedeutet, dass dieser Familienbetrieb grundsätzlich von den weiblichen Nachkommen mit ihren eingeheirateten Ehemännern geleitet wurde.

Alltag eines Handelsgehilfen

Anhand eines Beispiels soll nun veranschaulicht werden, wie der Alltag eines Handelsgehilfen im frühen 17. Jahrhundert verlief. Ein Bauernjunge, der nicht der Erbe eines Bauernhofes war, begann im Alter von 10 bis 13 Jahren mit einer Lehre in einem Kaufmannshaus. Normalerweise nahm der Hausherr einen Jungen aus seinem Verwandten- oder Bekanntenkreis auf. Die Anstellung eines Jungen aus der Heimat war eine Art soziale Verpflichtung eines erfolgreichen Kaufmanns gegenüber seiner Heimat. Das Wissen um die Herkunft des Jungen war zugleich eine Sicherheit für den Hausherrn. Bei der Aufnahme eines Gehilfen zahlte ein Kaufmann dem Vater des Jungen eine gewisse Summe dafür, dass er ihm dessen Arbeitskraft zur Verfügung stellte. Während der im Voraus bezahlten Zeit durfte der Junge nicht zu seinen Eltern zurückkehren. Ungefähr drei Jahre Probezeit muss er absolvieren, danach stand es ihm frei, ob er bleiben oder gehen wollte. Im Japanischen heißt ein Lehrling „Minarai", der Begriff wird für alle Auszubildende ohne Unterschied der Gewerbe verwendet. Minarai heißt wörtlich: jemandem über die Schulter *schauen* (mi) und *lernen* (narai). In frühen Zeiten hatte man unterschiedliche Bezeichnungen für die Lehrlinge, abhängig von den Dienstjahren. Während der Probezeit war der Junge (Detchi genannt) zu verschiedenen Aufgaben verpflichtet: Er war Spielkamerad des Kleinen im Haus, erledigte Putzarbeiten, begleitete den Hausherrn beim Ausgang und war Laufbursche. Nebenbei musste er nach der Dienstzeit in einer Terakoya Lesen, Schreiben und Rechnen lernen. Zu den Rechenaufgaben gehörte die Handhabung des Abakus (Soroban). In diesen Lehrjahren bekam der Detchi keinen Gehalt, nur ein bisschen Taschengeld. Aber der Hausherr bot ihm neben der Ausbildung am Arbeitsplatz Verpflegung, Unterkunft, Haarschnitt und Schuhe, Arbeitskleidung (siehe Abb. 3.1) jeweils im Frühling und Herbst sowie die Kosten für Medizin und Schulgebühren. Weil der Laufbursche noch keine „vollwertige Arbeitskraft" (Ichininmae genannt und heute noch ein sehr wichtiger Begriff in der Arbeitswelt) war, wurde er nicht voll bezahlt. Nach der Probezeit wurde zwischen dem Hausherrn und dem Gehilfen ein Arbeitsvertrag zunächst für weitere zehn Jahre abgeschlossen. Mit 17 oder 18 unterzog sich der Junge einem Mündigkeitsritual und für ihn wurde ein kleines Fest gefeiert. Er erhielt vom Hausherrn als Zeichen des Erwachsenseins Haori (eine japanische Jacke mit Hauswappen), Sake

Abb. 3.1 Traditionelle Arbeitsröcke diverser Berufsgruppen

und Tabak. Abhängig von den Sitten des jeweiligen Hauses wurden der Arbeitsvertrag und auch der Rufname des Jungen nach dem Mündigkeitsritual erneuert. Ab dieser Zeit musste der Gehilfe (nun Tedai genannt) nicht mehr nur als Laufbursche arbeiten, sondern auch alle möglichen Tätigkeiten im Geschäft übernehmen. Außerdem bekam er das volle Gehalt sowie zusätzlich Frisur- und Krankengeld. Zudem gab es auch Spesen für die Feiertage im Sommer (zum Obon-Fest) und an Neujahr, an diesen Feiertagen hat die gesamte Belegschaft Betriebsferien, musste jedoch gemeinsam den Schrein der Schutzgottheiten für das Geschäft und die Grabstätten der Hausherren besuchen. Dieser Brauch ist bis heute noch in vielen Kleinbetrieben lebendig. Die Handelsgehilfen kündigten zumeist nach zehn Jahren und kehrten mit ein wenig Ersparnissen in ihre Heimat zurück. Sie lebten unverheiratet weiter im Elternhaus und arbeiteten auf dem Bauernhof. Einige betrieben einen Kleinhandel im Dorf. Die sogenannte lebenslange Anstellung setzte sich bei kleinen und mittelgroßen Unternehmen erst nach dem Zweiten Weltkrieg durch.

Die Lehrjahre der Mädchen sahen ähnlich aus wie die der Jungen in einem Kaufmannshaus. Für den Haushalt eines Kaufmannsbetriebes waren gewöhnlich fünf oder sechs ledige junge Frauen angestellt, die aus dem Bekannten- und Verwandtenkreis der Kaufmannsfamilie als Kindermädchen und Küchenhilfen oder Wäscherinnen aufgenommen wurden. Sie bereiteten die Mahlzeit für Angestellte im Geschäft zu, erledigten Näharbeiten und wuschen Wäsche. Außerdem gab es ein oder zwei Zimmermädchen, es handelte sich um Töchter aus anderen Kaufmannsfamilien, die hier in die Lehre gingen. So wie die Söhne eines Kaufmannshauses bei Fremden eine Lehre absolvierten, mussten die Töchter einige Ausbildungsjahre bei Fremden verbringen, um gut einen Haushalt führen zu lernen. Nachdem sie bereits Lesen, Schreiben und Rechnen beherrschten, mussten sie, bevor sie in eine fremde Familie kamen, zu Hause noch ein paar Jahre das Nähen erlernen. Danach mussten sie bei einer anderen Kaufmannsfamilie einige Lehrjahre verbringen. Unter Anleitung der Haushaltschefin ihrer Gastfamilie lernten die jungen Frauen aus dem Kaufmannsstand das Haushalten. Als Zimmermädchen hatten sie Gäste und Kunden des Hauses zu bewirten. Die Zeit war eine Art Brautschule für die jungen Frauen, in der sie sich gute Benimmregeln aneignen konnten.

Lernbereitschaft

In der Berufswelt wird traditionell die Lernbereitschaft als wichtig angesehen, keine besondere Beachtung schenkt man hingegen der Fähigkeit des Lehrens. Einem Lehrling in einem Handwerksbetrieb wird vom Meister schon seit alters nichts beigebracht. Eine Unterweisung oder Anleitung vom Meister am Arbeitslatz gab und gibt es heute auch nicht. Der Lehrling muss seit eh und je mit großer Aufmerksamkeit dem Meister beim Ausüben des Handwerks zuschauen und Arbeitsvorgänge und Verarbeitungsweisen eigenständig erlernen. An jedem Arbeitsplatz herrscht, abgesehen vom Geräusch der Werkzeuge, Stille und es geht streng zu. Von einem Lehrling werden daher großes Beobachtungsvermögen und selbstständiges Erlernen eines Handwerks stillschweigend erwartet. So kann es geschehen, dass man einem Lehrling anfangs nur einfache Arbeiten wie Kehren und Putzen zuweist. Mit dieser Betätigung können ein oder zwei Jahre vergehen, während dieser Zeit muss sich der Lehrling quasi im Vorbeigehen am Arbeitslatz der ausgebildeten Handwerker die wichtigen Kniffe allein durch einen kurzen Blick aneignen. Diejenigen, die hinreichend Geduld beweisen und im Betrieb bleiben, erhalten erst nach dieser Frist die Möglichkeit, älteren Gesellen oder dem Meister bei der Arbeit zuzuschauen. Jetzt müssen sich die Lehrlinge als motivierte Arbeiter und genaue Beobachter erweisen, bevor man sie mit weiteren Aufgaben betraut. Ohne diesen Eifer kann ein Lehrling kaum die nächste Ausbildungsstufe erreichen. Dieses „Lernen" am Arbeitsplatz in den japanischen Betrieben unterscheidet sich grundsätzlich von der beruflichen Ausbildung in Deutschland. Heute noch gilt der alte Spruch für die handwerkliche Berufswelt: „Stehle die Kniffe des Handwerks (Gijutsu wa nusume!)." Auf der Sündenskala der alten buddhistischen Glaubensvorstellung wiegt das Stehlen schwerer als ein Mord. Das Stehlen in den Lehrjahren hat jedoch einen positiven Anklang. Stehlen heißt hier, eine Kunstfertigkeit oder Kniffe erlernen, indem man dem Handwerksmeister über die Schulter schaut und sich alles merkt. In Japan ist es noch in unserem Jahrhundert bei allen Gewerben erforderlich, die Lehre bei einem anderen Familienbetrieb zu absolvieren. Im Volksmund heißt es „Tanin no meshi o kuu" (wörtlich übersetzt: „in einem fremden Haus den Reis essen"), was so viel bedeutet wie, bei Fremden sein Brot verdienen. Die Söhne eines Familienbetriebs werden bei dem gleichen Gewerbe als Lehrlinge eingestellt. Ein künftiger Erbe eines alten Familienunternehmens muss normalerweise auch nach dem Studium bei einem fremden Betrieb eine Lehre machen. Direkt von der Universität auf einen leitenden Posten im Familienunternehmen quasi herabzusteigen, verstößt gegen die guten Sitten und Bräuche. Erfahrungen machen und seine Leistungsfähigkeit unter Beweis stellen muss der Nachfolger zuerst bei Fremden, ehe er auch im Familienbetrieb auf unterer Ebene mit der Arbeit beginnt und langsam aufsteigt.

Banto: der Generalmanager

Die höchste Karrierestufe im Kaufmannsbetrieb ist die Geschäftsführerklasse (Banto). Wer diesen Posten ausfüllt, hat die Befugnis, den Lehrlingen Dienstanweisungen zu erteilen. In Abwesenheit des Hausherrn übernimmt ein Geschäftsführer die Betriebsleitung. Die Beförderung eines Handelsgehilfen in die Banto-Klasse war im Allgemeinen erst im Alter von 30 Jahren möglich. Die Arbeit als Banto dauerte im Durchschnitt weitere 10 Jahre, danach verließ ein Banto mit 40 das Haus, gesetzt, er hatte als Lehrling mit 10 Jahren im Betrieb angefangen und blieb bis zu seinem 40. Lebensjahr im Geschäft. Es handelte sich um eine fast lebenslange Anstellung, denn in früheren Zeiten ging man Mitte 40 in den Ruhestand. Die Lebenserwartung lag damals noch bei etwa 50 Lebensjahren. Wenn ein Hausherr den Familienbetrieb seiner Tochter vererben wollte, suchte er im eigenen Betrieb einen sehr tüchtigen und zuverlässigen Banto aus und verheiratete seine Tochter mit ihm. Dieser Banto war bereits als kleiner Junge ins Haus gekommen, wo er ausgebildet wurde. Im Betrieb wurden Persönlichkeit, soziales Verhalten, Können und Talent eines jungen Menschen gebildet und gefördert. Berufsmoral und Gepflogenheit des Hauses wurden ihm in dieser Zeit vermittelt. Der Auszubildende wiederum widmete dem Haus seine besten Jahre und wurde so nach und nach ohnehin zu einem Familienmitglied.

Zweigniederlassungen

Die Berufslaufbahn eines Handelsgehilfen dauerte lang. Das erste Ziel eines jungen Menschen war es, ein vollwertiger Handelsgehilfe (Tedai) zu werden. Dies zu erreichen, war nicht jedem Lehrling (Detchi) in der Ausbildung beschieden. Krankheit, Untauglichkeit für den Beruf oder Veruntreuung waren häufige Gründe für den Abbruch einer Ausbildung. Es kam vor, dass manche Lehrlinge aus dem Betrieb ausschieden. Die einen wurden adoptiert, die anderen übernahmen nach den Lehrjahren den Familienberuf des Elternhauses oder machten sich selbstständig. Außerdem flohen einige vor der strengen Ausbildung.

Die Lehrlinge wohnten in der Regel in einer Unterkunft des Geschäfts. Bei einer schweren Krankheit wurden sie in ihre Heimat geschickt. Es gab Kaufmannsbetriebe, zum Beispiel das über drei Jahrhunderte hinaus bestehende Unternehmen Mitsui oder der Betrieb Shirakiya, die schwer erkrankte und deshalb reiseunfähige Lehrlinge bis zu ihrer letzten Stunde im Betrieb pflegten und sie auf ihrem

Familienfriedhof beisetzten. Jedes Jahr hielten sie Gedenkfeier für die verstorbenen Angestellten. Bei Diebstahl und Veruntreuung wurde Lehrlingen ohne Weiteres gekündigt. Um es als Kaufmannsgehilfe auf einen leitenden Posten zu schaffen, brauchte man sehr viel Geduld, Disziplin und Talent, denn die Zahl der leitenden Posten war in jedem Betrieb begrenzt. Solange sie im Geschäft arbeiteten, blieben fast alle Junggesellen. Auch in sehr großen Kaufmannsbetrieben war es eine Seltenheit, dass ein verheirateter Banto von einer betriebseigenen Dienstwohnung jeden Tag zum Geschäft pendelte.

Einem altgedienten Angestellten, der sich selbstständig machen wollte, überließ das Kaufmannshaus Namen und Markenzeichen (Noren) des Hauses. Außerdem wurden dem Angestellten seine freiwillig auf der betriebseigenen Sparkasse angelegten Einlagen mit Zinsen sowie eine große Abfindung ausgehändigt. Mit dem Ausscheiden des Angestellten entstand eine neue Filiale. Es war bis ins frühe 20. Jahrhundert nicht selten, dass ein Banto in einem guten Kaufmannsbetrieb als Abfindung und zugleich für die Filialgründung eine Immobilie vom Mutterbetrieb bekam. Die von nicht Blutsverwandten gegründeten Filialen heißen Bekke, die Filialen der Verwandten Bunke. Filialen, die die Waren des Mutterbetriebs verkauften, achteten stets darauf, nicht zum Konkurrenten des Mutterbetriebs zu werden. Der Mutterbetrieb wiederum unterstützte die Filialen, wenn sie in Finanznot gerieten. Wenn eine Filiale niederbrannte, nach einer Naturkatastrophe wiederaufzubauen war oder der Geschäftsherr einer Filiale schwer krank war, leisteten der Mutterbetrieb und dessen andere Filialen gemeinsam finanzielle Unterstützung. Fehlte einer Filiale der Erbe, kümmerte sich der Mutterbetrieb um die Nachfolge. Es war das höchste Ziel eines kaufmännischen Gehilfen, eine Filiale zu eröffnen. Beispielsweise beschäftigte im Jahr

1868 ein mittelgroßer Kaufmannsbetrieb rund zwei Dutzend Angestellte und ein Chef-Generalmanager wurde als Schwiegersohn adoptiert. Nur einem Angestellten aus derselben Klasse wurde die Erlaubnis zuteil, eine Filiale zu eröffnen.

Auch im produzierenden Gewerbe war eine ähnliche Praxis gang und gäbe. Die neuen Handwerksmeister konnten eigene Betriebe gründen. Sie durften auch einen eigenen Kundenstamm aufbauen, sofern sie dem alten Meisterbetrieb keine Konkurrenz machten. Das System mag sich ein wenig verändert haben, doch die Grundstruktur ist bis heute erhalten geblieben. Der Brauch der Abfindungszahlung existiert nach wie vor in allen Gewerben: Nicht nur Angestellte in privaten Unternehmen, sondern auch alle Beamten und Angestellten im öffentlichen Dienst erhalten eine Abfindung, wenn sie aus dem Dienstbetrieb ausscheiden. Die Höhe der Abfindung eines Beamten, der nach 35 Dienstjahren in den Ruhestand geht, beträgt im Durchschnitt knapp 50 Monatsgehälter (umgerechnet rund 200.000 Euro). Gut 95 % der Großunternehmen mit mehr als 1000 Beschäftigten haben eine solche Abfindungsregel, ebenso die meisten kleineren Betriebe. Es gibt zwar Unternehmen, in denen keine Abfindung gezahlt wird, sie machen jedoch nur 15 % aller Unternehmen des Landes aus. Außer der Abfindung erhalten Angestellte und Beamte im Ruhestand auch noch eine gesetzlich festgelegte Rente.

Betriebssystem im Kaufmannshaus

Seit Jahrhunderten sind in den großen Kaufmannsbetrieben gute Führungssysteme in Kraft, die das Fortbestehen des Betriebs über lange Zeit hinweg ermöglichten. Die leitenden Angestellten entwickelten eine Methode, um den Ablauf der Geschäfte zu kontrollieren. Der Hausherr hatte zwar die Aufsicht über den Verlauf aller Geschäfte, aber die Umsetzung einer Entscheidung lag in der Verantwortung der leitenden Angestellten. Ohne die Zustimmung der Generalmanager (Banto-Klasse) wurden die vom Hausherrn nach eigenem Ermessen getroffenen Entscheidungen und Handelsverträge nicht nur von den Geschäftspartnern, sondern selbst im eigenen Betrieb nicht akzeptiert. Was die Vergütung anbelangt, so wurde dem Hausherrn eines Kaufmannsbetriebes nur eine bestimmte Summe erstattet, die den Lebensunterhalt seiner Familie sichern sollte. Falls die Eigentümerfamilie mit dem Etat nicht auskam, konnte sie sich vom Betrieb Geld leihen. Ebenso wurden die Wohnräume der Eigentümerfamilie vom Geschäftsraum nach und nach vollständig getrennt. Bereits Anfang des 18. Jahrhunderts erfolgte die strikte Trennung der Betriebsführung von der Eigentümerfamilie, insbesondere bei den heute noch aktiven traditionsträchtigen Großunternehmen. Das Unternehmensimperium Mitsui ist ein bezeichnendes Beispiel dafür.

Die Geschäfte wurden nicht von den Hausherren der Haupt- und Zweigfamilien geführt; die wirkliche Betriebsführung der Mitsui-Gruppen lag in den Händen der Banto-Klasse in Edo. Sie hatten nach ihren Geschäftsplänen den Betrieb erfolgreich zu führen und den Jahresumsatz sowie den Jahresgewinn zu vergrößern. Eine halbjährliche Bilanz war verpflichtend, danach erhielten die Filialbetriebe vom Mutterbetrieb ihren Gewinnanteil. Ein Betrieb in Edo lieh sich beispielsweise am Jahresende vom Mutterbetrieb in Matsusaka das Kapital zur Aufbesserung seiner Liquidität für das nächste Geschäftsjahr. Die Hausherren aus Haupt- und Zweigfamilien in Matsusaka kontrollierten den Ablauf und sorgten lediglich dafür, das Hausvermögen zu sichern und zu vermehren. Die Unternehmerfamilien kümmerten sich darum, dass sowohl der Mutterbetrieb als auch die Filialen als Schicksalsgemeinschaft in guten wie in schlechten Zeiten füreinander einstanden und erfolgreich fortbestehen konnten. Aus diesem Grund konnten die Filialen auch stark auf die Betriebsführung des Mutterbetriebs einwirken. Anfangs wurden die Filialen überwiegend von Blutsverwandten geführt, aber im Laufe der Zeit bildeten sie eine Unternehmergemeinschaft. Der Mutterbetrieb kaufte Materialien für die Filialen ein, und die Filialen belieferten den Mutterbetrieb.

Die einstigen Familienunternehmen, wie etwa Mitsui, Sumitomo oder Konoike, hatten bereits im 18. Jahrhundert folgende Betriebsregeln in ihrem Hausgesetz festgelegt: menschliche Bildung und berufliche Ausbildung im Betrieb, eine unbefristete Anstellung, Beachtung von Harmonie und Konsens am Arbeitsplatz, Nachsicht und Fürsorge für die Mitarbeiter, kollektive Verantwortlichkeit durch das Ringi-Verfahren, einheitliche Arbeitskleidung mit Betriebsmarkenzeichen, Sparen bei betriebseigenen Sparkassen, gewinnorientierte Boni-Zahlungen zweimal im Jahr (im Sommer und am Jahresende), Beförderung und Entgelt nach dem Senioritätsprinzip, Abfindungszahlungen sowie ein Hausschrein im Betrieb. Die Ursprünge all dieser heute noch in japanischen Unternehmen gängigen Praktiken und Gepflogenheiten reichen bis ins frühe 18. Jahrhundert zurück. Viele der einst seit der Tokugawa-Zeit führenden Handelbetriebe vermochten sich aber dennoch den politischen und gesellschaftlichen Umwälzungen nicht anzupassen. Der Handelsbetrieb Kono-ike zum Beispiel, der mit der Zeit nicht mitgehen konnte, musste erheblich Einbußen hinnehmen und schließlich aufgeben.

Die innerbetriebliche Aus- und Fortbildung hat immer Vorrang vor dem schulischen Fachwissen. Deshalb wird noch in der Gegenwart arbeitsplatzspezifisches Wissen hochgeschätzt. Die Gleichbehandlung von Arbeitern und

Angestellten in den Betrieben sorgt für ein harmonisches Arbeitsklima: Hinsichtlich der Arbeitszeit, der Urlaubstage und der Sozialleistungen besteht kein Unterschied zwischen Arbeitern und Angestellten.

Weitergabe von Markenzeichen

Wenn ein tüchtiger Banto nach langen Jahren aus dem Dienst ausschied, wurde ihm eine große Abfindung ausgezahlt, die der Hausherr für ihn als Rente angespart hatte. Mit diesem Geld konnte der Ausscheidende in seiner Heimat eine neue Existenz gründen. Dabei erhielte er vom Hausherrn auch den Namen und das Markenzeichen des Mutterbetriebs. Name und Markenzeichen eines Betriebs galten bereits seit dem Altertum als Wertgegenstände. In den japanischen Kaufmannsbetrieben hängen traditionell Aushängeschilder aus massivem Holz, darauf sind der Betriebsname und das Markenzeichen abgebildet (siehe Abb. 3.2). Neben diesen Schildern gibt es am Eingang noch einen Vorhang (Noren) mit dem Betriebsnamen, der nach außen signalisiert, dass das Geschäft „geöffnet" ist. Ein Geschäft ohne Noren am Eingang bedeutet gewöhnlich „Ruhetag" oder „geschlossen".

Die Zweigniederlassungen heißen im Volksmund Norenwake, Vergabe des Noren. Der Noren ist für eine Filiale nicht nur ein Vorhang zum Aushängen, sondern auch Symbol für die Vertrauenswürdigkeit und Bürgschaft seitens des Mutterbetriebs. Auf der Basis dieser sozialen Bürgschaft baute sich eine junge Filiale ihre Existenz auf. Für den Mutterbetrieb ist die Anzahl seiner Zweigniederlassungen gleichbedeutend mit Stärke und Ansehen in der Kaufmannswelt. Die Filialen stehen in enger betrieblicher Verbindung zum Mutterbetrieb und bilden zugleich nach außen eine quasi-verwandtschaftliche Gemeinschaft.

Abb. 3.2 Sake-Geschäft und Aushängeschild mit Markenzeichen

Mutterbetrieb und Zweigniederlassungen haben denselben Wahlspruch und dasselbe Ideal: Gedeih und ewiges Fortbestehen des Betriebes. In wichtige Feiern des Mutterbetriebs, zum Beispiel in die den Vorfahren gewidmeten Gedenkfeiern, werden auch Zweigniederlassungen mit einbezogen. Der Betriebsgründer wird im Ahnenkult als Schutzgottheit sowohl für den Mutterbetrieb als auch für die Filialbetriebe verehrt. Neben den aus dem Buddhismus überlieferten Schutzgottheiten stehen vor allem die Vorfahrengottheiten des Mutterbetriebs für Erfolg, Wohlstand und Fortbestehen der jeweiligen Filialbetriebe.

Unbefristete Anstellung

Im Handwerk wechselte man früher den Arbeitsplatz sehr häufig. In diesen Gewerben gab es traditionell keine unbefristete Anstellung wie in Kaufmannsbetrieben. Lehrlinge und Gesellen verließen ihren Meister, sobald sie Handwerk und Techniken erlernt hatten, und zogen weiter von Werkstatt zu Werkstatt. Nachdem sie sich selbstständig gemacht hatten, standen sie zwar mit ihrem Meister weiterhin in Kontakt und pflegten menschlich eine enge Beziehung, hatten aber kaum eine geschäftliche Bindung. Denn in den Handwerksgewerben existierten die einzelnen Werkstätten relativ eigenständig und waren keine der Meisterwerkstatt unterstellte Filiale.

In der ersten Phase der Industrialisierung im 19. Jahrhundert wanderten die Handwerksgesellen von Fabrik zu Fabrik, wenn ihnen dort ein besserer Lohn angeboten wurde. Zur Zeit des Russisch-Japanischen Kriegs 1904 entwickelte sich die Industrie in Japan in rasantem Tempo, doch es fehlte an erfahrenen Ingenieuren und Maschinenbauern. Der häufige Arbeitsplatzwechsel der Handwerker und Arbeiter sowie auch das Werben der Betriebe um wenig erfahrene Industriearbeiter trieben den Arbeitslohn in die Höhe. Die Folge war ein noch häufigerer Arbeitsplatzwechsel. Normalerweise arbeiteten die meisten Fabrikarbeiter und Handwerksgesellen, die größtenteils Bauernsöhne waren, bis 40 in der Stadt und kehrten dann mit ein wenig Ersparnissen wieder in ihre Heimat zurück. Dort kauften sie ein kleines Reisfeld oder eröffneten ein kleines Geschäft. Diese Menschen galten als erfolgreich, andere verdingten sich weiter in der Stadt als Leiharbeiter und Tagelöhner. Bis Mitte des 20. Jahrhunderts war es üblich, dass auch die jungen Fabrikarbeiterinnen und Verkäuferinnen nur fünf oder sechs Jahre arbeiteten und dann heirateten.

Angesichts des Arbeitskräftemangels sah sich die Industrie gezwungen, bessere Arbeitsbedingungen einzuführen. Ein Vorbild sowohl für eine stabile Betriebsführung als auch für eine ideale Beziehung von Arbeitgebern und

Arbeitnehmern fanden die führenden Industrieunternehmen in den traditionellen Kaufmannsbetrieben. So führte die Industrie erst im Laufe des 20. Jahrhunderts die altbewährten Systeme der Kaufmannsbetriebe ein: massenweise Aufnahme von jungen Schulabgängern, Ausbildung im Betrieb, Wohnheime, Genossenschaftskasse, soziale Fürsorge, Bonussystem, Abfindungszahlungen usw. Mit umfassenden Förderprogrammen und sozialer Fürsorge sollte die Loyalität der Industriearbeiter gegenüber dem Betrieb verstärkt werden. Die Löhne wurden regelmäßig angehoben und somit das senioritätsbezogene Lohnsystem geschaffen, das noch heute bei den traditionsreichen Unternehmen üblich ist. In diesem Lohnsystem und auch bei der Beförderung ist die Dauer der Betriebszugehörigkeit maßgeblich. Bei den Kleinbetrieben und den mittelständischen Betrieben hingegen war bis 1955 eine betriebsbedingte Kündigung sehr häufig, mit der Folge, dass zahlreiche Streiks und blutige Ausschreitungen landesweit ausgetragen wurden.

Der Gründer des Elektrounternehmens Panasonic, Matsushita Konosuke (1894–1989), wurde in eine arme Familie hineingeboren und musste im Alter von neun Jahren als Gehilfe in einer kleinen Heimwerkstatt arbeiten. Aufgrund der großen Armut musste er sogar die Grundschule abbrechen. Matsushita arbeitete drei Jahre als Verdrahtungsassistent bei einer Firma in Osaka, ehe er kündigte. 1917 gründete er eine kleine Werkstatt für Heimelektrogeräte. Auch während der Weltwirtschaftskrise (1929/30) entließ er keinen seiner Mitarbeiter. Er war der Ansicht, dass ein Unternehmen seinen Mitarbeitern mit einer unbefristeten Anstellung nicht nur Arbeitsplatzsicherheit, sondern auch eine Zukunftsperspektive bieten müsse. Matsushita Konosuke wird in Japan als eine der „Gottheiten des betriebswirtschaftlichen Managements" verehrt.

Erst in der Nachkriegszeit verbreitete sich die sogenannte lebenslange Anstellung auch in anderen Branchen. Eine reguläre Anstellung dauert in der Gegenwart gewöhnlich bis zum Erreichen der betrieblichen Altersgrenze, die je nach Branche unterschiedlich ist und zwischen 60 und 65 Jahren liegt. Auch in Zeiten der Globalisierung behalten die erfolgreichen Großunternehmen die altbewährten Betriebssysteme und die unbefristete Anstellung bei, die als eines ihrer Erfolgsrezepte gilt. Laut Meinungsumfragen wollen 88 von 100 befragten Großunternehmen an der unbefristeten Anstellung auch in Zukunft festhalten, nur 12 Unternehmen haben damit Schwierigkeiten. Die unbefristete Anstellung bietet den Arbeitnehmern eine Zukunftsperspektive und stärkt die Motivation zur Produktivität sowie Loyalität gegenüber der Firma, all dies ermöglicht dem Unternehmen zugleich eine stabile Betriebsführung. Für das Fortbestehen der Unternehmen sind sowohl das Humankapital als auch das Vertrauen der Kunden wesentlich. Die japanischen Unternehmen halten die langjährige Erfahrung ihrer Angestellten mit Kunden und Material für unabdingbar für den Erfolg und stabilen Gewinnzuwachs. In der tiefen Rezession war es allerdings unvermeidlich, das Betriebssystem zu rationalisieren. Die führenden Großunternehmen in Japan entlassen dabei ihre erfahrenen Festangestellten jedoch nicht, sondern versetzen sie zu ihren Tochterfirmen und Filialunternehmen und regulieren zudem die Zahl der Neuanstellungen für die nächsten Geschäftsjahre. So gelingt es den Großunternehmen, die unbefristete Anstellung aufrechtzuerhalten.

Sie greift aber nur für die Kernbelegschaft im Unternehmen. Die traditionsreichen Großunternehmen konnten über Jahrhunderte hinweg auch in schlechten Zeiten mit flexiblen Anstellungsverhältnissen weiterbestehen. Sobald die Konjunktur anzieht, werden die Leiharbeiter und Teilzeitarbeiter in die Kernbelegschaft übernommen. Je nach betriebswirtschaftlicher Lage und Konjunktur werden Teilzeitbeschäftigte und Leiharbeiter befristet angestellt. Vor diesem Hintergrund bestehen im gegenwärtigen Arbeitsmarkt Missstände, da sich junge Menschen zumeist für eine Arbeitsstelle in einem Großunternehmen interessieren. Die Kleinbetriebe und Mittelständischen leiden dagegen an chronischem Mangel junger Arbeitskräfte. Die Teilzeitbeschäftigten und Leiharbeiter sind kein neues Phänomen, es gibt sie in Japan schon viele Jahrhunderte in fast in allen Gewerben. Der Anteil der Arbeitnehmer in befristeten Beschäftigungsverhältnissen beziffert sich gegenwärtig im Durchschnitt auf ein Drittel der gesamten abhängig Beschäftigten.

Krise und Chance

Im Handel gilt seit alters der Sinnspruch „Sonshite toku toru", was so viel bedeutet wie: „Nimm zunächst Verluste in Kauf, das bringt jedoch langfristig sicheren Gewinn." Diese Strategie zahlt sich nur dann aus, wenn sich der Handel an einer langfristigen Perspektive orientiert. Ein gerechtes Preis-Leistungs-Verhältnis und ein moderater Gewinn für das Geschäft waren immer die goldenen Maximen der traditionsreichen Kaufmannsbetriebe. Diese Handelsgepflogenheiten entstanden aus langfristigen Geschäftspraktiken. Im Handel kommen und gehen die Kunden wie Ebbe und Flut. Sie sind zumeist launisch. Eine beständige treue Kundschaft zu gewinnen, ist für einen Kaufmannsbetrieb der erste Schritt zum Erfolg. Die Konkurrenz im eigenen Gewerbe wächst ständig. Eine Episode aus dem Geschäftsleben des Lebensmittelgeschäfts „Ninben" in Tokyo bestätigt den altbekannten Spruch „eine Krise birgt

3 Goldene Regeln in Kaufmannsfamilien

eine Chance in sich": Die Gründung dieses Betriebs geht auf das Jahr 1699 zurück. Das Haus handelt mit geräuchertem Thunfisch, der für die Bouillon der traditionellen japanischen Küche verwendet wird. In der zweiten Generation geriet das Geschäft jedoch in eine Krise: Ein Banto des Hauses hatte Betriebsmittel veruntreut, und zeitgleich wurde dem Geschäft die Lieferantenlizenz für den Fürstenhof entzogen. Der Hausherr war zudem gesundheitlich schwer angeschlagen. Der Umsatz schrumpfte um bis zu 20 % verglichen mit guten Geschäftsjahren. Deshalb sprang ein Bruder des Hausherrn im Geschäft ein und führte einen grundlegenden Umbau durch: Niemand im Betrieb wurde entlassen und strenge Sparmaßnahmen wurden bei den Ausgaben umgesetzt. Die Rationalisierung erfolgte wie üblich im Konsens aller Beschäftigten. Der Bruder selbst arbeitete tagein und tagaus vorbildlich im Geschäft. Er stellte einen Wirtschaftsplan mit langfristiger Perspektive auf, der je nach der Geschäftsentwicklung angemessen modifiziert wurde. Der Betriebsgeist des Gründervaters, der auf guter Qualität und einem angemessenen Preis beruhte, wurde umgesetzt. Den Nachfragen der Kunden entsprechend wurden verschiedene Warenangebote entwickelt und neue Handelsrouten erschlossen. So stieg der Umsatz in wenigen Jahren wieder an und das Haus erhielt die Lizenz als Hoflieferant zurück, so dass der Umsatz sich mehrfach vergrößerte. Das Geschäft florierte in den folgenden Generationen. Ein innovativer Hausherr der sechsten Generation brachte 1831 erstmals in Japan ein Gutscheinsystem in Umlauf. Die in Form eines Thunfischfilets geprägten und vom Shogunat autorisierten Silbermünzen konnten gegen Waren im Haus eingelöst werden. 1899 druckte eine Zeitung die Falschmeldung, das Haus stehe kurz vor dem Konkurs. Das Gerücht ließ sich nicht so einfach zerstreuen. Daraufhin stürmten Abertausende Menschen mit Gutscheinen ins Geschäft, wo die aufgebrachten Kunden mit aller Höflichkeit und Besonnenheit bedient wurden. Alle Gutscheine, insgesamt über 54.000, wurden in ihrem Vollwert eingelöst. Die Kunden erhielten dafür Waren von viel besserer Qualität als der eigentliche Tauschwert auf dem Gutschein. Die meisten Kunden konnten so unverhofft bessere Produkte kennen lernen, die sie sonst nicht gekauft hätten. Auf diese Weise beruhigte man die Kunden, die sich von der guten Qualität begeistert zeigten. Nicht nur die gute Qualität der Waren, sondern auch das Krisenmanagement vergrößerten das Vertrauen in das Geschäft und dessen Ansehen. Seit der Gründung 1699 besteht das Geschäft Ninben bis heute in einem der feinsten Einkaufsviertel in Tokyo. Sein Markenzeichen ist Symbol für Qualität und Vertrauen.

Quelle der Innovation

Japanische Verkäufer bieten einen Service, der zuweilen exzessive Ausmaße annimmt. Ein übermäßiges Warenangebot und die daraus resultierende große Konkurrenz führten zu dieser Servicepraxis. Der Wettbewerb ist in allen Branchen sehr hart. Verbraucherwünsche und Mängel von Waren werden an die Hersteller weitergeleitet. Sie liefern diese wichtigen Hinweise, wie Produkte verbessert oder welche neuen Produkte entwickelt werden können. Wettbewerb und Anpassung an die Anforderungen führen zu Innovationen. Aus einer Studie über traditionsreiche Familienbetriebe geht hervor, dass die meisten Betriebe ihre Wahlsprüche, Betriebsnamen und Kerngeschäfte über Jahrhunderte hinaus beibehielten. Dennoch passten sie ihre Warenangebote und Serviceleistungen stets an die veränderten Anforderungen an. Vor allem sind große Veränderungen in Produktions- und Vertriebsverfahren zu verzeichnen. Im 18. und 19. Jahrhundert war es Brauch, dass ein Handelsbetrieb seinen Kunden die Waren, zum Beispiel seidene Kimonos, auf Kredit anbot. Die Kunden bezahlten die Rechnung in Raten im Sommer und zum Jahresende. Die Unkosten für diesen Zahlungsmodus waren im Preis bereits mitberücksichtigt und die Produkte deshalb teuer. Die großen Kaufhäuser, wie Mitsukoshi und Takashimaya, führten eine neue Praxis im Handel ein: Sie boten hochwertige Waren zum niedrigen Preis an, aber nur gegen Barzahlung.

Takashimaya, ein älterer 1831 in Kyoto gegründeter Handelsbetrieb, gilt heute als eines der feinsten Kaufhäuser in Japan. Der Gründervater hatte in den ersten Jahren die Geschäftsregeln in Wahlsprüchen zusammengefasst: 1. den Kunden immer Qualitätswaren preiswert anbieten, so dass Nutzen und Gewinn sowohl Kunden als auch Verkäufern zuteilwerden, 2. Waren nur gegen Barzahlung und nicht gegen Kredite verkaufen, 3. die Kunden über die Waren stets ausführlich und aufrichtig informieren, 4. alle Kunden, ohne Unterschied von arm und reich, gleich bedienen. Der Gründervater betonte vor allem, dass man die Kunden nicht betrügen (das heißt für eine minderwertige Ware viel verlangen) und sich mit geringem Gewinn begnügen sollte.

Darüber hinaus machten die Gründerväter der führenden Kaufhäuser darauf aufmerksam, dass man immer sowohl für die Wünsche als auch für die Beschwerden der Kunden ein offenes Ohr haben sollte. Denn Verbesserungsvorschläge oder Beschwerden sind die Quelle von Innovation und Verfeinerung. Den Kunden, die sich beschwerten, ernsthaft zuzuhören und auf ihre Wünsche zuvorkommend einzugehen, dies waren die Maximen traditionsreicher Kaufmannsbetriebe beim Bedienen der Kundschaft. Besonders wertvoll waren für die Handelsbetriebe konkrete Beschwerden über die Waren oder deren Bedienung. Es gibt in der Tat viele innovative Produkte, die infolge von Reklamationen entwickelt wurden. In dieser Tradition gibt es noch heute in jedem einfachen Supermarkt eine Kundenpoststelle, in der Kunden ihre Vorschläge oder Beschwerden vorbringen können. Kläger und Nörgler sind für ein Geschäft eigentlich wertvolle Kunden, denn das allgemeine Kaufverhalten der Japaner belegt, dass Kunden nicht wiederkommen, wenn ihnen in einem Laden etwas nicht gefallen hat. Gute Geschäfte sind schließlich überall zu finden.

Träger des Gemeinwohls

Kaufleute sind Käufer und Verkäufer in einem. In den alten Handelsstädten Osaka und Kyoto gibt es seit ewigen Zeiten einen Sinnspruch, der die Unternehmermoral und das Selbstbewusstsein der Kaufleute widerspiegelt: „Sanpoyoshi" (wörtlich übersetzt: „drei Seiten sind zufrieden und glücklich"). Diese drei Seiten sind Verkäufer, Käufer und die Gesellschaft, in der wir leben. Gute und nützliche Waren bereiten einem Käufer große Freude, weil sie ihm gefallen oder oft mühsame und aufwendige Arbeit erleichtern. Und den Herstellern und Verkäufern bringt der Handel Anerkennung und sie erzielen Gewinn mit ihrer geleisteten Arbeit. Darüber hinaus ist die Ansicht weit verbreitet, dass eine Erfindung oder eine Verfeinerung der Warenprodukte der erste Schritt zur Verbesserung der Welt sei. Im Handel erzielen Kaufleute ohne Zweifel für sich Gewinn, und Verbraucher genießen ihrerseits den praktischen Nutzen eines Produkts, so tragen sie alle zum höheren Lebensstandard und letztlich zum Gemeinwohl bei. Daraus speiste sich seit alten Zeiten das Selbstbewusstsein der Kaufleute. Und auch bezüglich des Gewinns war die Ansicht jahrhundertelang maßgebend, dass es ratsam sei, langfristig einen moderaten Gewinn zu erzielen, wollte man einen Betrieb über Generationen hinweg aufrechterhalten. Vor schneller und exzessiver Profitorientierung warnten zahlreiche Wahlsprüche.

Das durchaus positive Selbstbewusstsein der Kaufleute in Japan beruht darauf, dass sie den Kunden nützliche und praktische Produkte anbieten und sich auch den Herstellern gegenüber fair verhalten. Fairer Handel ist für die Ethik der Kaufleute immer grundlegend. Auch eine langfristige Pflege der Kontakte zu Kunden aller Art (sowohl Zulieferern und Käufern als auch Aktionären) ist unabdingbar für das Geschäft. Denn aus fairem Handel und langfristiger Kontaktpflege wächst gegenseitiges Vertrauen, das Grundkapital im Wirtschaftsleben. In dieser Überzeugung betrachteten die Kaufleute in Japan ihr Geschäft als einen unmittelbaren Beitrag zum Gemeinwohl. Dagegen ist bei den koreanischen Gelehrten eine traditionelle Geringschätzung des Handels noch immer präsent. Die Äußerung eines angesehenen Philosophen und Intellektuellen aus Korea, der im Westen studiert und eine Zeitlang dort als ranghoher Diplomat sein Land vertreten hatte, stieß 1992 bei einer Podiumsdiskussion in Japan auf das Unverständnis der Zuhörer. Er sagte, dass die Kaufleute generell Betrüger seien und sich ausschließlich für den eigenen Profit interessierten. Hier zeigen sich die kulturellen Unterschiede der gesellschaftlichen Einschätzung von Handel und Kaufmannsstand deutlich.

Der Familienbetrieb Mitsui

Die Gründung des Betriebs

In Japan machen Kleinbetriebe und mittelständische Unternehmen mit weniger als 300 Beschäftigten 99 % aller Betriebe aus. Nur 0,3 % zählen zu den Großunternehmen. Zu diesen Großunternehmen gehören zum Beispiel Mitsui und Sumitomo, die als Familienbetriebe im 17. Jahrhundert gegründet wurden. Wie diese Familienbetriebe noch in unserem Jahrhundert als weltweit wirtschaftende Multikonzerne fortbestehen, lässt sich am Beispiel von Mitsui aufzeigen. Obwohl die alten Gepflogenheiten und Praktiken in den Handelsbetrieben nach dem Zweiten Weltkrieg fast alle abgeschafft wurden, wirken die Grundwerte und Prinzipien in der Betriebsführung fort.

Der Gründervater, Mitsui Takatoshi (1622–94), wurde in Matsusaka (der heutigen Präfektur Mie) geboren. Sein Großvater war Gefolgsmann eines namhaften Feldherrn in Westjapan und ließ sich in Matsusaka nieder (siehe Abb. 3.3).

Der Vater von Takatoshi eröffnete dort ein großes Lebensmittelgeschäft für Sake und Miso (Sojabohnenpaste) sowie ein Pfandhaus. Der Mann hatte allerdings keinen

Abb. 3.3 Stammhaus des Familienbetriebes Mitsui, Matsusaka

3 Goldene Regeln in Kaufmannsfamilien 111

Sinn für das Geschäft, sondern interessierte sich für japanische Dichtkunst und allerlei Zerstreuung seiner Zeit. So musste seine Frau Shuho praktisch das Haus und Geschäft führen. Sie besaß von ihrer Jugend an einen ausgeprägten Geschäftssinn, konnte gut rechnen und war sehr sparsam. Sie bediente selbst ihre Kunden mit Tee, Tabak und einem kleinen Imbiss und gab ihnen reichlich, sei es Sake oder Miso. Im Pfandleihgeschäft bot sie ihren Kunden einen niedrigeren Zinssatz an als ihre Konkurrenten. Die Geschäfte florierten. Nach dem Tod ihres Mannes zog sie allein ihre acht Kinder groß. Ihr ältester Sohn eröffnete ein Kimono-Geschäft in Edo (dem heutigen Tokyo). Der zweite Sohn wurde von einer anderen Familie adoptiert, und der dritte und der vierte Sohn wurden als Handelsgehilfen ins Geschäft des ältesten Sohnes geschickt. Sie waren zwar Brüder des Geschäftsherrn in Edo, aber arbeiteten bei ihm als einfache Gehilfen. Damals war es im Handel üblich, Waren auf Kredit zu verkaufen. Die Rechnungen waren zweimal im Jahr zu begleichen. Die Schulden für teure Kimonos von den säumigen Schuldnern einzufordern, war keine leichte Aufgabe, zumal wenn die Schuldner meist Großfeldherren (Daimyo) im Shogunat waren. Der vierte Sohn, Takatoshi, war geschickt und erfolgreich beim Einkassieren der ausstehenden Rechnungen. Er kehrte jedoch in seine Heimat zurück, um seine betagte Mutter Shuho zu betreuen. Bis er in Edo sein eigenes Geschäft aufmachte, führte er den Mutterbetrieb, die Wechselstube und Pfandleihe. In der Heimat heiratete Takatoshi und bekam elf Söhne und fünf Töchter. Er schickte nicht nur seine Söhne, sondern auch Angestellte des Mutterbetriebs zur Fortbildung nach Edo zu seinem ältesten Bruder. Die Rotation innerhalb von Mutter- und Filialbetrieben und der damit verbundene Dienstortswechsel (Tenkin genannt) waren in dieser Zeit bereits eingeführt worden. Gut zwei Jahrzehnte lang arbeitete Takatoshi in der Heimat und schuf sich ein Grundkapital. Nach dem Tod des ältesten Bruders eröffnete Takatoshi in Edo 1673 ein Kimonogeschäft, Echigoya (Haus Echigo). Echigo ist der Name des Ortes, an dem einst sein Großvater Burgherr war. Die Posten seines Betriebes besetzte Takatoshi mit seinen in Edo ausgebildeten Söhnen. In Kyoto wiederum gründete er Zulieferbetriebe für seine Kimonos. So wurde 1673 der Grundstein für das Familienunternehmen Mitsui gelegt. Zehn Jahre später wurde das Haus Mitsui als offizieller Hoflieferant für das Shogunat bestimmt und seine Wechselstuben in Kyoto, Osaka und Edo wurden zu vom Shogunat autorisierten Geldinstituten erklärt. Die Nachkommen des Gründervaters Mitsui Takatoshi bildeten bis Mitte des 19. Jahrhunderts elf Familien, gegenwärtig sind es neun. Sie nennen sich nach Ortsnamen ihres Wohnsitzes.

Prinzipien des Gründervaters Mitsui Takatoshi

Der Gründervater des Unternehmensimperiums, Mitsui Takatoshi, wird oft verglichen mit dem Gründervater des Tokugawa-Shogunats, Ieyasu. Dieser war geduldig, langmütig und sehr bestrebt, dass das Tokugawa-Shogunat für immer fortbestand. Mitsui Takatoshi legte ebenfalls auf das Fortbestehen seines Familienunternehmens großen Wert. Am Lebensabend fasste er die goldenen Regeln für seine Nachkommen ab, die bald als Hausgesetz in Familie und Betrieb gehütet und befolgt wurden. Der Familienbetrieb Mitsui richtete sich in guten wie in schlechten Zeiten immer nach diesen Hausgesetzen.

Das Unternehmensimperium Mitsui besteht seit über drei Jahrhunderten. Dass es all die Krisen und Konkurrenzkämpfe überstand hat und eine so ungeheure Lebenskraft entwickelt hat, lässt sich ausschließlich auf die Innovation und den Fleiß der Angestellten zurückführen. Der Gründervater betonte, dass Humankapital das wichtigste Kapital eines Unternehmens sei. Die Ausbildung der Angestellten hielt er für unentbehrlich für den Geschäftserfolg und fasste es in die Worte: „In der Truppe eines hervorragenden Feldherrn ist niemand ein schlechter Soldat." Auf einen Kaufmannsbetrieb übertragen heißt das, dass der Geschäftserfolg ohne tüchtige und disziplinierte Mitarbeiter nicht zu realisieren ist. Takatoshi war fest der Überzeugung, dass der Umgang eines Unternehmers mit seinen Angestellten sowie mit den Kunden über Gedeih und Untergang des Unternehmens entscheidet. Deshalb wurden eine gerechte Behandlung der Angestellten und eine gute Fürsorge für sie konkret im Hausgesetz festgelegt und stets beachtet. Als das Kimonogeschäft Echigoya in Edo florierte, sahen die alteingesessenen Konkurrenten nicht tatenlos zu. Sie versuchten, die tüchtigen Angestellten von Echigoya mit mehr Gehalt abzuwerben. Doch kein einziger Angestellter wechselte zu den Konkurrenten. Der Gründervater Takatoshi führte zudem Auswertungskriterien für Angestellte ein: Die Beschäftigten wurden ihren erbrachten Leistungen angemessen mit Boni belohnt. Faulen, Streitsüchtigen, Glücksspielern oder Bordellbesuchern wurde ohne Weiteres gekündigt. Querulanten am Arbeitsplatz wurden scharf gerügt und ihre Vorgesetzten mussten sich dafür verantworten. In einer harmonischen Arbeitsatmosphäre, so sah es der Gründervater, gelingen die höchste Leistung und Innovation. In Bezug auf den Umgang mit Geld legte er die Betriebsvorschriften wie folgt fest: „Ein Gehilfe (Tedai) darf seinen Verwandten und Bekannten keine Waren auf Kredit verkaufen. Nur dann darf er die Waren auf Kredit verkaufen, wenn es ihm leitende Kollegen und Vorgesetzte nach Beratungen erlaubt haben. Es ist ratsam, dass ein Gehilfe kein Bargeld bei sich hat. Wenn er sein Geld dem Betrieb anvertraut, wird es verzinst. Es dürfen keine Schulden gemacht werden. Sind Waren im Geschäft abhandengekommen, muss der Banto dafür aufkommen. Veruntreut ein Gehilfe Betriebsmittel, muss man ihn mit guten Worten darauf hinweisen; überhört er aber diese kollegialen Mahnungen, muss man es dem Hausherrn melden." Ferner formulierte Takatoshi auch Vorschriften zur Fürsorge für die Gesundheit der Angestellten: „Niemand soll Hunger leiden. Man darf keine unbekannten Medikamente einnehmen. Es ist auf ein gesundes und langes Leben zu achten." Darüber hinaus hielt er in Wahlsprüchen die Moral und Lebensführung der Familienangehörigen fest: „Fleiß führt zu Wohlstand; Eitelkeit und Luxus führen zum Untergang des Hauses. Dies muss man stets beherzigen. Die Nachkommen der Familie Mitsui sollen schon im Kindesalter als Laufbursche am Arbeitsplatz angelernt werden. Nur die Erfahrung am Arbeitsplatz und die Praxis an Ort und Stelle zählen. Jemand ohne Praxis ist nicht tauglich für einen leitenden Posten."

Trennung von Familie und Betrieb

In der Gegenwart gibt es Fälle, in denen selbst zu Branchenführern aufgestiegene Unternehmen binnen weniger Jahre von unfähigen oder zerstrittenen Nachkommen zugrunde gerichtet werden. Da der Gründervater Takatoshi elf Söhne und fünf Töchter hatte, war er sich bewusst, dass Streitereien um das Erbe und Hausvermögen zum Zerfall des Unternehmens führen würden. Darum legte Takatoshi die Betriebsmoral als Hausgesetz im Testament fest: „Alle Kinder sollen in Brüderlichkeit im Sinne des Fortbestehens des Hauses nach Kräften füreinander sein. Die Söhne sollen einen zum Vorsitzenden wählen und diesem dann folgen und dienen. Der Gewinn sollte unter den Brüdern jedoch gleichmäßig verteilt werden." Nach dem Tod des Gründervaters wurde getreu der Verfügung ein Sohn, Takahira, zum Vorstandsvorsitzenden gewählt. Er gründete 1710 in Kyoto eine Beteiligungsgesellschaft zur Leitung der in Kyoto, Osaka und Edo niedergelassenen Familienbetriebe. Die jeweiligen Familien hatten der Beteiligungsgesellschaft ihr Kapital zur Verfügung gestellt. Brauchte ein Betrieb Kapital zur Erweiterung seines Geschäfts, gewährte diese Beteiligungsgesellschaft dem Betrieb Firmenanleihen. Dafür musste er der Familienbeteiligungsgesellschaft halbjährlich eine Bilanz vorlegen und die Zinsen zurückzahlen. Ein gewisser Anteil der Zinsen wurde unter den Anteilseignern gerecht verteilt, der Rest zur Stärkung der Liquidität der Beteiligungsgesellschaft angelegt. Diese Richtlinien wurden von allen Betrieben der Familienunternehmen Mitsui streng eingehalten. So trennten sich die Familieneigentümer bereits in den ersten Jahrzehnten ihrer Unternehmensgeschichte von der Betriebsführung. Auch wenn der Hausherr einer Zweigfamilie sein Geschäft verkaufen wollte, hatte er nur die Möglichkeit, seinen Familienanteil der Beteiligungsgesellschaft zum Rückerkauf anzubieten. Das Geschäft einem Fremden zu verkaufen, war nicht möglich. Die Höhe der Barauszahlung des Erbanteils wurde von der Beteiligungsgesellschaft bestimmt. Wenn es in einem der Familienbetriebe zu Veruntreuung oder Misswirtschaft kam, wurde die Angelegenheit im Familienrat beraten und geklärt.

Das moderne Unternehmensimperium

Das Familienunternehmen Mitsui stand in der Tokugawa-Zeit dem Shogunat nahe, und seine Wechselstuben hatten sich als vom Shogunat autorisierte Geldinstitute etabliert.

In der zweiten Hälfte des 19. Jahrhunderts befand sich das Shogunat in großen Schwierigkeiten: Es gab Finanzkrisen und Bürgerkriege, außerdem war der militärische Druck westlicher Mächte groß. Deshalb verlangte das Shogunat damals nicht nur von Mitsui, sondern auch von anderen führenden Unternehmerfamilien große Summen für die Staatsfinanzen. Seit Jahrzehnten gewährte das Haus Mitsui dem Shogunat immer wieder hohe Kredite, die mittlerweile zu faulen Krediten geworden waren. Dennoch forderte das Shogunat Mitsui weiter dazu auf, noch größere Kredite zu bewilligen. Dies verweigerte das Haus Mitsui jedoch. Daraufhin verhängte das Shogunat gegen Mitsui eine gewaltige Sondersteuer. Das Unternehmen Mitsui stand zweifellos vor einer der schwersten Krisen. Aus dieser Krise konnte sich die Wechselstube Mitsui durch einen Mann namens Minomura Rizaemon retten, der weder Blutsverwandter noch Angestellter des Hauses war. Er war zuvor Lehrling bei einem Fischladen gewesen und konnte weder lesen noch schreiben. Dafür war er mit Verhandlungsgeschick gesegnet und hatte ein hervorragendes Gespür für Trends und das Sammeln von Informationen. Auf dieses Talent war ein hoher Beamter im Shogunat aufmerksam geworden und stellte ihn als seinen persönlichen Gefolgsmann ein. In dieser Zeit konnte Minomura mit den Beamten im Shogunat gute Kontakte knüpfen. Er heiratete eine Tochter eines Zuckerhändlers und übernahm als Adoptivschwiegersohn das Zuckergeschäft. Als tüchtiger Wanderhändler schaffte er sich ein kleines Kapital und eröffnete selbst eine Wechselstube. So kam er in das Pfandleih- und Bankgewerbe. Er kündigte den Dienst als Gefolgsmann, pflegte aber privat mit den Beamten im Shogunat weiterhin gute Beziehungen. Minomura fiel einem Generalmanager (Banto) des Haus Mitsui auf und wurde als Unterhändler für Mitsui in Verhandlungsgesprächen mit dem Shogunat eingesetzt. Es gelang Minomura, das Finanzministerium des Shogunats zum Umdenken zu bewegen: Von dem bereits kurz vor dem Bankrott stehenden Unternehmen Mitusi noch eine astronomische Summe als Steuer einzufordern, sei weder klug noch vorteilhaft für das Shogunat. Vielmehr bringe es dem Shogunat Vorteil, wenn Mitsui weiterbestehe und dem Shogunat auf Dauer die Steuer in Raten zahlen könne. Nach zahlreichen Verhandlungen gelang es Minomura festzulegen, dass Mitsui nur ein Drittel der vom Shogunat verlangten Summe und diese zudem auf Rate zahlen musste. Aufgrund seiner Verdienste wurde Minomura als fester Angestellter bei Mitsui aufgenommen. Dank seiner Informationen erfasste Minomura die politischen und wirtschaftlichen Umbrüche des Landes weitsichtig.

Das Unternehmen balancierte eine Zeitlang zwischen dem maroden Shogunat und der rehabilitierten Kaisermacht. Nach der Meiji-Restauration stellte sich Mitsui auf die Seite der Kaiserregierung. Die Industrialisierung des Landes erfolgte nach der Meiji-Restauration zwischen 1870 und der Jahrhundertwende. 1872 wurde das Gesetz zur Gründung der Nationalbank verabschiedet, und 1878 wurde die moderne Börse in Tokyo eröffnet. Binnen weniger Jahre wurden zahlreiche Privatbanken gegründet, deren Mutterbetriebe die seit dem 17. Jahrhundert traditionsreichen Wechselstuben waren: Mitsui, Sumitomo, Konoike usw. Diese Privatbanken förderten mit sehr geringem Zins moderne Industrie und Großunternehmen. In dieser Zeit führte Minomura eine grundlegende Modernisierung im Unternehmensimperium Mitsui durch. Er ebnete für Mitsui den Weg zur Gründung einer modernen Bank. In der Betriebssatzung legte er fest, dass das Gesamtvermögen der Unternehmergruppen Mitsuigumi nicht den einzelnen Anteilseignern, sondern dem gesamten Unternehmen gehört.

Wie bereits erwähnt, war das Familienvermögen der einzelnen Betriebe keineswegs deren Eigentum, über das sie beliebig verfügen konnten, sondern es war das Gemeingut der Familien und Beschäftigten des Unternehmens. Sowohl die Führungskräfte als auch die Beschäftigten sollten das Unternehmen als Gemeinwesen und Gemeingut betrachten, jeder sollte sich an der Vermehrung dieses Gemeinguts beteiligen, der erwirtschaftete Gewinn musste jedem Einzelnen in gerechter Weise zuteilwerden. Diese Reform konnte Minomura deshalb durchsetzen, weil er dank seiner bisherigen Verdienste große Autorität und viele Befugnisse hatte und vor allem, weil er nicht mit der Familie blutsverwandt war. Frei von allen Zwängen und Interessenkonflikten konnte Minomura eine grundlegende Reform und Modernisierung der Betriebsführung durchsetzen. Noch vom Krankenbett aus konnte er verfolgen, wie die erste moderne Mitsui-Bank in Betrieb genommen wurde. Im Alter von 56 Jahren starb Minomura. Alle Mitsui-Familien betrauerten seinen Tod und erwiesen ihm die höchste Ehre und Anerkennung, indem sie ihn als wahres Familienmitglied in ihrem Familiengrab beisetzten.

Das Familienunternehmen Sumitomo

Unternehmergeist im Hause Sumitomo

Aufrichtigkeit, Erbarmen und Reinheit des Herzens, diese Tugenden zählen gewöhnlich zum Kern der shintoistischen und der buddhistischen Lehre. Sie sind aber auch die Wahlsprüche des Familienbetriebs Sumitomo aus dem 17. Jahrhundert. Der Gründervater Sumitomo Masatomo wurde als zweiter Sohn in eine Bushi-Familie hineingeboren. Nach dem Tod seines Vaters trat er in einen neu gegründeten buddhistischen Orden ein, der aber aufgrund der rigiden Religionspolitik des Shogunats zwangsweise in eine altehrwürdige Schule, die Tendai-Schule, integriert wurde. Der Mönch Sumitomo fand dies unerträglich und verließ den Orden. Obwohl er den geistlichen Beruf aufgegeben hatte, lebte er stets fromm seinen Glauben. In Kyoto betrieb er ein kleines Geschäft für Bücher und Medikamente. Seine religiöse Überzeugung, alles Leben zu retten und barmherzig zu sein, setzte Sumitomo nun im Kaufmannsalltag um. Um ihn versammelten sich viele Anhänger. Sein Schwager, Soga, war ebenfalls ein frommer Gläubiger des Ordens, in dem Sumitomo einst Mönch war, und verehrte Sumitomo sehr. Soga war ein angesehener Mechaniker im Gewerbe der Metallverarbeitung. Japan exportierte im 16. Jahrhundert im Überseehandel Kupfererz mit hohem Silbergehalt, weil es selbst noch keine Raffinerietechnik besaß. So konnten die portugiesischen Importeure aus dem Erz viel Silber zusätzlich gewinnen und großen Profit erzielen. Dass wertvolles Silber im Überseehandel einfach den Käufern von Kupfererz überlassen wurde, betrübte Soga. Daher gründete er 1590 in Osaka eine Kupferwerkstatt und erfand ein Metallverarbeitungsverfahren, mit dem man das Silber aus dem Kupfererz gewinnen konnte. Mit seinem Wissen hätte er im Gewerbe eine monopolistische Stellung und damit großen Reichtum erlangen können. Aber Soga war der Ansicht, dass das Gemeinwohl Vorrang vor eigenen Interessen haben sollte. Darum stellte er seine Erfindung und sein technisches Wissen seinen Zunftbrüdern frei zur Verfügung. Auf diese Weise lebte der Mechaniker Soga ein vorbildliches buddhistisch geprägtes Leben. Der älteste Sohn von Soga, der Neffe von Sumitomo, wurde mit dessen Tochter verheiratet und dann von der Familie Sumitomo adoptiert. So vereinigten sich die frommen Wahlsprüche beider Familien: „Erbarmen und Rettung der einfachen

Menschen" lautete der Wahlspruch von Sumitomo und „im Dienste des Gemeinwohls" derjenige der Kupferwerkstatt von Soga. Diese Wahlsprüche wurden als Unternehmensmoral bei Sumitomo über vier Jahrhunderte hinaus beherzigt.

Im 17. Jahrhundert erlebte Japan einen wirtschaftlichen Aufschwung, und auch der Import aus Übersee nahm erheblich zu. Zahlungsmittel für den Überseehandel waren damals Gold und Silber, allerdings waren die Gold- und Silberreserven bald ausgeschöpft. Daraufhin verhängte das Shogunat ein Anlandungsverbot für ausländische Handelsschiffe in den Häfen Japans, um die Ausfuhr von Silber und Gold zu verhindern. So kam Kupfer als einziges Zahlungsmittel im Überseehandel in den Umlauf. 1690 stieß die dritte Generation von Sumitomo auf eine Kupfermine mit großen Reserven. Dieses Vorkommen war das Ergebnis einer unermüdlichen Suche nach Minen, die damals ein Zeit und Kapital verschlingendes Abenteuer war. Dank der Außenhandelspolitik des Shogunats stieg das Kupferbergwerk Besshi Dozan zum Monopol auf und wurde eines der Kerngeschäfte von Sumitomo. Bereits in der zweiten Generation nahm das Unternehmen neben dem Kupferhandel diverse andere Geschäfte in Betrieb. Im 17. Jahrhundert trat Sumitomo als führender Handelsbetrieb mit Übersee auf. Seine Zweigfamilien betrieben Wechselstuben und Bankgeschäfte, in der Gegenwart ist der Bankensektor mit der Mitsui-Bank fusioniert und treibt als Mitsui-Sumitomo-Bank weltweit Handel.

Kerngeschäft in der Krise

Anfang des 19. Jahrhunderts geriet das Kupferbergwerk von Sumitomo in die schwerste Krise seit seinem Bestehen. Bislang hatte das Unternehmen vom Shogunat im Voraus Reis erhalten und das Kupfer im Nachhinein geliefert. Bis zum Zerfall des Shogunats im 19. Jahrhunderts war der Reis für alle Stände ein wichtiges Zahlungsmittel. Das Shogunat kündigte die bisherigen Zahlungspraktiken jedoch auf, denn es war selbst in Finanznot geraten und konnte die Vorauszahlung nicht mehr fortsetzen. Darüber hinaus verhängte das Shogunat ein Embargo gegen Kupfer. Das Kupferbergwerk Besshi Dozan beschäftigte damals über 5000 Bergleute und Mechaniker und ihre Löhne wurden in Form von Reis bezahlt, der vom Shogunat im Voraus erstattet wurde. Kein Reis bedeutete für 5000 Beschäftigte den Hungertod und das Ausfuhrverbot für Besshi Dozan die Stilllegung aller Stollen. Zur Krisenbewältigung wurde ein Generalmanager, Hirose, in Verhandlungen mit dem Shogunat eingesetzt, der im Alter von 11 Jahren in die Verwaltung des Betriebs eingestellt worden und damals 38 Jahre alt war. Durch zahlreiche Gesuche und Bitten konnte der Reisvorschuss von etwa zwei Drittel des Jahresetats doch gesichert werden.

Wenig später geriet das Kupferbergwerk in eine echte Existenzkrise, als das Shogunat die Herrschaft an die Kaiserregierung abgetreten hatte. Denn Sumitomo stand bislang dem Shogunat sehr nahe und finanzierte dessen Kriege gegen royalistische Lager. Die Kaiserregierung verstaatlichte in der Meiji-Restauration Ländereien und Pfründe. Und ein großer Teil der Berge, Wälder und des Weidelands wurde zum Eigentum des Kaisers erklärt. So stand durchaus die Möglichkeit im Raum, dass die Kaiserregierung Sumitomo das Abbaurecht für das Kupferbergwerk aberkannte. Der Generalmanager des Besshi Dozan und die gesamten Führungskräfte von Sumitomo wiesen bei Beamten der Kaiserregierung nachdrücklich darauf hin, dass sie bislang immer im Sinne des Gemeinwohls und des Staates gehandelt hatten. Ferner betonten sie, dass, wenn die Minen in die Hände eines unerfahrenen Unternehmens geraten würden, die Kupferproduktion zweifellos drastisch sinken würde. Mit diesen Argumenten baten sie die Kaiserregierung darum, ihnen die Abbaurechte der Kupferminen auch künftig zu gewähren. Und sie versicherten dabei ausdrücklich, weiterhin für den Staat zu handeln. Daraufhin wurden die Abbaurechte dem Besshi Dozan zugesprochen. Das Kupferbergwerk war gerettet, aber das Problem, die 5000 Arbeiter des Kupferbergwerks zu versorgen, war immer noch nicht gelöst. Notgedrungen wurden Kredite auf das Stammhaus von Sumitomo aufgenommen, doch das Geld reichte nicht aus. So erwogen die Direktoren am Hauptsitz in Osaka, das Kerngeschäft Besshi Dozan zu verkaufen. Der Generalmanager Hirose war von dieser Idee entsetzt und erinnerte alle an die Bedeutung des Kupferbergwerks für das Unternehmensimperium Sumitomo: „Ohne Besshi Dozan könnte das heutige Unternehmen Sumitomo überhaupt nicht bestehen. Wie wollt ihr denn im Jenseits die Vorfahren unseres Unternehmens um Entschuldigung bitten, wenn ihr Besshi Dozan einem Fremden verkauft?" Dies ist ein in Japan sehr häufig vorgebrachtes Argument: „Wie kannst du überhaupt den Vorfahren im Jenseits in die Augen schauen, wenn du deine Arbeit, den Familienbetrieb, aufgibst (Gosenzo-sama ni awaseru kao ga nai)?" Gewöhnlich empfinden die Japaner den Traditionsbruch als eine der schlimmsten Verfehlungen. Dafür gibt es einen religiösen Hintergrund, auf den wir später genauer eingehen werden. Gegen diese Zurechtweisung fanden die Direktoren keine Argumente und gaben die verlockende Idee auf. Sie suchten nach anderen Lösungsmöglichkeiten und zügelten sich, um die Bergbautechniken zu modernisieren. Der Generalmanager Hirose kürzte vorerst seinen Gehalt und bekam ein Darlehen für eine Hypothek auf sein eigenes Haus. Mit dem Geld lud er einen Ingenieur aus Frankreich nach Japan ein, um die neueste Spitzentechnologie im Kupferbergwerk einzuführen. Dem französischen Ingenieur bot Hirose sechsmal so viel Gehalt an, wie er selbst erhielt. Auf eine

Expansion des Unternehmens mithilfe von Fremdkapital verzichtete er. Hirose legte großen Wert auf ein solides Geschäft und investierte den erwirtschafteten Gewinn in die Modernisierung des Bergbaus. Durch den Zusammenhalt und die Modernisierung konnte das Bergwerk in der Produktion wieder einen großen Aufschwung erzielen. In den ertragsreichen Jahren hatte das Unternehmen stets die Liquidität verstärkt und in die Modernisierung der Produktionstechnik reinvestiert. Seit Erschließung der Kupferminen hatte Besshi Dozan 283 Jahre lang rund 700.000 Tonnen Kupfer gefördert. 1877 wurde Hirose zum Vorstandsvorsitzenden des Unternehmensimperiums Sumitomo gewählt. Um das Fortbestehen und den Gedeih des Unternehmens zu sichern, legte er 1882 ein Hausgesetz (das Sumitomo Kaho) fest, um den Unternehmergeist der Gründerväter den Umwälzungen der Gesellschaft gemäß zu erneuern. In der Novellierung des Hausgesetzes wurde 1891 das Handelsprinzip des Unternehmens bestimmt, das bis heute gilt: „auf Vertrauen und sicheren Gewinn achten".

In der Nachkriegszeit (1945–52) kontrollierte die Besatzungsmacht (USA) das Land. 1947 wurden jahrhundertealte Unternehmensimperien, wie zum Beispiel Mitsui und Sumitomo, aufgrund des Antimonopolgesetzes aufgelöst: 1948 wurden sie in zahlreiche Einzelunternehmen zerschlagen. Das Kupferbergwerk Besshi Dozan schloss 1973 seine Stollen, die Firma jedoch existiert heute noch.

Geheimrezepte für das Fortbestehen traditionsreicher Unternehmen

Alle traditionsträchtigen Familienbetriebe haben einige Regeln gemeinsam. Die Betriebe legten und legen bezüglich der Nachfolgefrage keinen großen Wert auf die Blutsverwandtschaft. Sowohl Blutsverwandte als auch Fremde konnten als Nachfolger gewählt werden, wenn sie tüchtig und geeignet waren. Diese Flexibilität war der entscheidende Faktor für das Fortbestehen der Familienbetriebe in Japan. Auch in China gab es in der langen Geschichte große Kaufmannsfamilien, die aber nicht lange überdauerten, weil sie in der Nachfolgefrage kategorisch ausschließlich auf die patrilineare Blutsverwandtschaft setzten.

Außerdem konnte die lange Tradition der Betriebe in Japan nur aufgrund der Wettbewerbs- und Innovationsfähigkeit fortdauern. Lange Tradition bedeutet eine immense Kumulation von Wissen und Erfahrung, die Grundlage für Innovationen bietet. Die ihre Existenz bedrohenden Krisen konnten die Betriebe nur durch permanente Innovation überstehen, womit sich die Unternehmen den Anforderungen der Zeiten anpassten und bessere Anwendungen ermöglichten. Die alten Familienbetriebe wiesen bislang immer eine herausragende Anpassungsfähigkeit angesichts des gesellschaftlichen Wandels auf. Zum Beispiel lebt eine altbewährte Technik der Goldblätterbearbeitung für Makie-Lackkunst heute in der Produktion des Mobiltelefons fort. Und die zahlreichen jahrhundertealten Sake-Brauereien produzieren in unserer Zeit nicht nur guten Sake, sondern nehmen auch im Bereich der Biochemie eine führende Position ein. Die innovativen und anpassungsfähigen Betriebe haben es außerdem gemeinsam, dass sie ihr Kerngeschäft niemals vernachlässigten. Es gibt eine Unzahl von traditionsträchtigen Betrieben, die jedoch mangels Anpassungsfähigkeit und Innovationskraft zugrunde gingen. Und noch eine weitere augenfällige Gemeinsamkeit lässt sich bei den alten Familienbetrieben feststellen: Die meisten von ihnen sind nicht auf den Aktienmärkten notiert. Ihre Exklusivität begründen die traditionsreichen Familienbetriebe mit dem Argument, dass sie langfristig planen und handeln wollen. Denn ein

Betrieb kann zukunftsorientierte Forschungen und langfristige Geschäftsentwicklung nur ohne den Druck und die Forderungen einer Aktionärsschar fortführen. Eine umwälzende Innovation entspringt zumeist jahrzehntelanger Forschung und immenser Investition. Schnelle Ergebnisse und schneller Erfolg liegen diesen Betrieben nicht am Herzen. Darüber hinaus hüten und pflegen die alten Familienunternehmen ihre Betriebsmoral und Handlungsmaximen unbeirrt: Der Gesellschaft nützliche Waren anzubieten und so dem Gemeinwesen und Gemeinwohl zu dienen, sind die Ideale der über Jahrhunderte hinaus bestehenden Betriebe. Und sie alle haben die Handlungsmaxime gemeinsam, sich stets um Vertrauen und fairen Handel zu bemühen. Auch in den 1980er-Jahren während der überhitzten Spekulationen in den Bereichen Aktien sowie Grund und Boden erwirtschafteten die alten Familienbetriebe nur mit ihrem Kerngeschäft einen bescheidenen, aber soliden Gewinn. So konnten sie der schleichenden Rezession der darauffolgenden zwei Jahrzehnte ohne großen Schaden trotzen. In unserem Jahrhundert kann man fast alle erdenklichen Produkte dank der weltweiten Versorgungsketten und mit höchster Arbeitsintensität in relativ kurzer Zeit herstellen. Die lange Tradition eines Betriebes und die primäre Wertorientierung in Richtung Gemeinschaftssinn lassen sich jedoch nicht von heute auf morgen hervorbringen. Lange Tradition und ausgeprägter Gemeinschaftssinn machen die Stärke der japanischen Unternehmen aus.

4

Religiöse Wurzeln der japanischen Werte

Verhaltensnormen und Benimmregeln in Europa und Japan

Bevor wir den religiösen Hintergrund der Grundwerte im Umgang mit Menschen, Zeit und Natur näher betrachten, sehen wir uns hier kurz die Benimmregeln für einen Edelmann in Europa an, die zugleich Zeugnisse des gesellig-gesellschaftlichen Lebens im 16. Jahrhundert sind. Was für ein Verhalten im europäischen Adelsstand als gutes Benehmen galt, ist im Vergleich zu den Gepflogenheiten in Japan von Interesse.

Der Humanist Erasmus von Rotterdam veröffentlichte 1530 die Schrift *De civilitate morum puerilium*, die einem Fürstensohn gewidmet und als Anleitung zur Erziehung von adligen Knaben geschrieben ist. Sie erfuhr 130 Auflagen und wurde in zahlreiche Sprachen übersetzt. Die Schrift enthält viele Anweisungen für gutes Benehmen, sie betreffen: Gesichtsausdruck, Haltung des Körpers, Gebärden, Manieren bei Tisch, Kleidung usw. Erasmus spricht vom Blick des Menschen: „Weit aufgerissene Augen sind ein Zeichen von Stupidität, zu starren ein Zeichen von Trägheit, allzu scharf blicken zum Zorn Geneigte, allzu lebhaft und beredt ist der Blick vom Schamlosen; zeigt er einen ruhigen Geist und respektvolle Freundlichkeit, das ist das Beste. Der Sitz der Seele ist in den Augen." Diese Regeln gelten heute kulturübergreifend. Jedoch überschreiten einige Anweisungen von Erasmus für uns die Schwelle der Peinlichkeit: „Ein Bauer schnäuzt sich in Mütze und Rock, mit Arm und Ellbogen ein Wurstmacher. Nicht sehr viel anständiger ist es, die Hand zu nehmen und dann am Kleid abzustreichen. Dezenter ist es den Nasenschleim in ein Tuch aufzunehmen, möglichst mit abgewandtem Körper." Zu Zeiten des Erasmus wurden Messer und Löffel noch sehr oft gemeinsam benutzt. Nicht immer war für jeden am Tisch ein extra Besteck vorhanden. Erasmus sagt: „Wenn man Dir etwas Flüssiges reicht, koste es und gib den Löffel zurück, nachdem Du ihn abgewischt hast. Manche greifen mit der Hand auf die Platte, kaum, dass sie sitzen. Wölfe machen das oder ein Vielfraß. Greif nicht als erster auf die Platte, die man hereinbringt. Die Finger in die Brühe zu tauchen, überlass den Bauern. Such nicht in der ganzen Platte herum, sondern nimm das erste Stück, das sich bietet. Und wie es ein Zeichen mangelnder Zurückhaltung ist, die ganze Schüssel mit der Hand zu durchsuchen, so ist es auch nicht sehr anständig, die Schüssel herumzudrehen, damit ein besseres Stück zu dir kommt." (Elias 1988, S. 65 ff.)

Sitten und Manieren bei Tisch sind selbst Zeugnisse der Zivilisation. Es gibt auch in Japan eine Sitte, die der entspricht, die Erasmus lehrt: Bei einer Teezeremonie trinken die geladenen Gäste Tee aus ein und derselben Schale, deshalb wischt man die Teeschale ab, bevor man sie dem

Nächsten überreicht. Aber die japanischen Tischsitten zeichnen sich vor allem durch gesondertes Besteck und Geschirr aus, wie etwa eigene Essstäbchen, Reisschälchen, eine eigene Teetasse und ein eigenes Esstablett mit kurzen Tischbeinen. Der Esslöffel kommt in der traditionellen Mahlzeit in Japan nicht vor. Etwas Flüssiges wird in einem Lack-Schälchen serviert, das man in der Hand haltend mit dem Essstäbchen kostet. Außerdem war es bis zum Zweiten Weltkrieg die Regel, dass sich alle zu Mahlzeiten gewöhnlich in einem Zimmer zusammenfanden, aber jeder das Essen separat serviert bekam. In der Nachkriegszeit hielt man den amerikanischen Lebensstil für schick und modern. Erst seit dieser Zeit sitzt die Familie an *einem* Esstisch beisammen, Besteck und Geschirr jedoch hat nach wie vor jeder separat vor sich. Auf traditionellen Festen und Feiern hingegen bekommt man das Festmahl wie gewohnt auf einem gesonderten Tablett. Die Eigenart von Tischsitten und Manieren ist zwar interessant, aber es ist keine zentrale Frage. Im Mittelpunkt unserer Betrachtung stehen die Verhaltensnormen und Grundwerte des Samurai-Standes aus dem 13. Jahrhundert, die im Großen und Ganzen auch noch in der gegenwärtigen Gesellschaft gelten.

Verhaltenskodex des Samurai-Standes

Wichtige Werte und Verhaltensnormen des Samurai-Standes überliefert uns ein Vermächtnis, das von dem großen Feldherrn Hojo Shigetoki (1198–1261) aus der mächtigsten Herrscherfamilie des ersten Shogunats verfasst wurde. Im Folgenden sehen wir uns einen Abschnitt aus seinem Testament an. Shigetoki war zeitlebens ein frommer Buddhist und trat im Alter von 56 Jahren einem buddhistischen Orden bei. Seine Lebensdevise aus 99 Verhaltensnormen, die er für seine Nachkommen niederschrieb, ist daher buddhistisch geprägt. Shigetoki ist der Meinung, wenn sich ein Samurai streng an die fünf Kardinal-Gebote des Buddhismus halten würde (nicht töten, nicht stehlen, keine Unzucht treiben, keine lockere Rede führen, nicht maßlos trinken), könnte und dürfte er nicht in den Krieg ziehen. Damit meint Shigetoki, dass ein Samurai auch auf dem Schlachtfeld nicht in den Rausch des Tötens verfallen darf und im Alltagsleben mit allen Lebewesen stets behutsam umgehen muss. Zu den richtigen Verhaltensweisen in verschiedenen Lebenssituationen schreibt Shigetoki konkret: „Lach in der Nähe von Trauerfeierlichkeiten nicht; gestatte deinem Gegenüber den Weg, wer dieser auch sein mag; rede über einen Menschen nicht schlecht, der den Weg eines buddhistischen Geistlichen beschreitet; verbreite keine Verleumdungen; halte die Sinnsprüche der Vorfahren ein; bei Tisch soll man den anderen mehr zukommen lassen, seien es Beilagen zu Sake oder Zuckerwerke oder Essen, und für sich nur ein wenig nehmen. Kleide dich nicht auffallend, führe nicht große Schwerter oder prunkvolle Sättel vor; begrüße alle freundlich, die dir auf dem Weg begegnen, auch wenn sie vom niederen Stand und arm sind; höre gut zu, auch wenn du schon weißt, wovon jemand redet; beherrsche dich und höre dem anderen zu; meide Dispute mit anderen, vermeide Konflikte und gerichtliche Prozesse um Grenzfragen des Ackerbodens; gib das Ausgeliehene schnell zurück; auch wenn dir etwas gestohlen worden ist, zeige den Dieb nicht an, damit ihm seine Zukunft nicht verbaut wird; verlange nicht die Früchte über dem Zaun eines Bauernhofes; lass deine Dinge nicht von anderen erledigen; verursache anlässlich der Gedenkfeier für eigene Vorfahren anderen weder Mühe noch Kosten; steig vom Pferde ab, wenn du an einem Tempel oder Schrein vorbeireitest; auf der Reise soll man weder einem Pferd noch einem Gepäckträger allein übermäßig schwere Lasten aufbürden. Sei vorsichtig bei einem, der dir gegenüber grundlos großzügig ist. Lass deine Briefe von einem anderen schreiben, wenn du eine unlesbar schlechte Handschrift hast." Ferner rät Shigetoki seinen Nachkommen, zu Frauen und Kindern barmherzig und liebevoll zu sein. Und im Gegensatz zu den Sitten und Gebräuchen des Hochadels am Kaiserhof, der seit alters in Polygamie lebte, befürwortet Shigetoki in seinem Testament nachdrücklich, dass man sich an die Monogamie halten solle (Yamamoto 2006). Die Mahnungen von Shigetoki weisen darauf hin, dass ein selbstbewusster Auftritt des Samurai-Standes im 13. Jahrhundert als anmaßend und hochmütig galt. Die Samurai waren sich stets bewusst, dass sie ursprünglich dem Kaiser zu Diensten standen und als Personenschutz und Sicherheitskräfte am Kaiserhof tätig waren. Seit dem Altertum ging der Samurai-Stand mit dem Kaiserhof immer rücksichtsvoll um. Diese Einstellung des Shogunats zum Kaiserhof blieb seit der Gründung des ersten Shogunats (1192) bis zum Zerfall des Tokugawa-Shogunats (1867) fast sieben Jahrhunderte hinweg unverändert. Es gab Zeiten im Mittelalter, in denen das Shogunat zwar einen regierenden Kaiser in die Verbannung geschickt und einen Gegenkaiser gestellt hatte. Aber es hatte in der Geschichte niemals einen Kaiser hingerichtet.

Harmoniegebot

Es überrascht viele Geschäftsleute aus Europa, wie oft und gern man in Japan unbegrenzt lange Besprechungen und Sitzungen abhält. Wozu sind so viele Besprechungen eigentlich nötig? Einst ermahnte Hojo Shigetoki, dass man Dispute mit anderen meiden solle. Darum wird normalerweise in der Arbeitswelt nicht gestritten, sondern Dinge werden ausreichend lange besprochen, bis endlich ein Konsens erzielt ist. Ohne Konsens gibt es keine Harmonie. Das allerhöchste Gebot ist und bleibt die Harmonie, der Verzicht auf eine Konfrontation ist daher ehrenwert. Das Harmoniegebot ist in der Gesellschaft dauerhaft wirksam. Es geht zurück auf einen kaiserlichen Prinzregenten, Shotoku Taishi, der im Jahr 604 verkündete, welche drei Werte im Alltag besonders hoch zu achten seien: erstens *Harmonie*, zweitens *Ehrfurcht* vor Buddha, buddhistischer Lehre und Priestern und drittens *Gehorsam* gegenüber dem kaiserlichen Edikt. Im Westen werden Streitigkeiten allgemein durch gerichtliche Prozesse geregelt; in Japan werden die Konflikte gewöhnlich im Geist des Harmoniegebots vermieden. Falls in Japan ein gerichtlicher Prozess in Zivilsachen unvermeidlich wird, muss die obsiegende Partei die Anwaltskosten grundsätzlich selbst tragen. Ein japanischer Rechtsanwalt fordert schon bei Übernahme des Auftrags etwa 10 % des Streitwertes als Anfangsvergütung und im Erfolgsfall einen gleichen Betrag als Dankesgeld. Angesichts dieser Rechtspraxis will der Gang vor Gericht unter dem Aspekt der Kosten-Nutzen-Rechnung wohl überlegt sein. Und selbst wenn ein gerichtlicher Prozess in Zivilsachen eingeleitet wird, bemühen sich die beiden Parteien darum, einen Vergleich herbeizuführen. Auch die Richter sind nicht daran interessiert, das Verfahren mit einem Urteil abzuschließen. Stattdessen empfehlen sie den Parteien, bei Vergleichsverhandlungen einen Kompromiss zu erzielen. Sowohl den Richtern als auch der breiten Bevölkerung in Japan ist der juristische Wahlspruch des Westens fremd: „Die Welt mag untergehen, wenn nur das Recht gilt (*Pereat mundus, fiat justitia*),"

Über Jahrhunderte sah man die allgemeingültige Menschlichkeit und ein harmonisches Miteinander als primäre

Werte an, die Gerechtigkeit eher als sekundären Wert. Eine Statistik (aus dem Weißbuch des Verbandes Japanischer Anwälte e. V. 2020) belegt diese Tradition: In den USA kommt ein Rechtsanwalt auf 260 Einwohner, in Deutschland auf 498 Einwohner, in Japan auf 3075 Einwohner. Im letzten Jahrzehnt hat sich in Japan die Zahl der Anwälte jedoch verdreifacht, so stieg sie von 13854 auf aktuell 42164 an. Dieser inflationsartige Zuwachs brachte gravierende Folgen mit sich: Zahlreiche junge Rechtsanwälte sind ohne Arbeit. De facto gab es mancherorts über viele Jahre gar keine Rechtsanwaltskanzlei oder nur eine einzige, so dass ein Angeklagter seinen Rechtsbeistand aus einem anderen Bezirk holen oder sich selbst verteidigen musste. Erstaunlich ist, dass in japanischen Zivilprozessen kein Vertretungszwang besteht. Das Problem von einer zu geringen Anwaltsdichte in den Provinzen wurde in jüngster Zeit endlich behoben. Auch die Ehescheidung wird zumeist ohne gerichtliches Verfahren vollzogen. Diese Art der Scheidung wird als friedliche Ehetrennung (Enmanrikon) bezeichnet. Wenn die Scheidungsgespräche nicht zufriedenstellend verlaufen, können Vergleichsverhandlungen aufgenommen werden. Diese Rechtspraxis lässt sich aber nicht allein mit dem Zeit- und Kostenaufwand der Gerichtsverfahren erklären. Das Recht des Einzelnen hat in Japan einen anderen Stellenwert als im Westen. Seit den letzten Jahrzehnten steigt jedoch die Tendenz, insbesondere die Streitigkeiten um Erbschaften durch gerichtliche Prozesse zu regeln.

Rechtsbewusstsein

Diese Art und Weise der Konfliktlösung entspringt jedoch einem kulturellen Umfeld, das anders beschaffen ist als im Westen. Bei der Übernahme von Gesetzen sowohl im Altertum als auch in der Moderne wurden Rechtssätze der japanischen Rechtspraxis angepasst. Allerdings bereitete die Übernahme der europäischen Gesetze im 19. Jahrhundert große Schwierigkeiten: Die individualistischen Rechtsvorstellungen des Westens waren der traditionell japanischen Denkart fremd. Nach dem Zweiten Weltkrieg wurde 1946 eine neue, demokratische Verfassung verkündet, die unter Einfluss der amerikanischen Besatzungsmacht ausgearbeitet wurde. Das gegenwärtige Gerichtswesen Japans ist ähnlich organisiert wie das in Deutschland. Die Zuständigkeit für erstinstanzliche Verfahren liegt bei den 50 Landgerichten. Acht Obergerichte, die den deutschen Oberlandesgerichten entsprechen, befinden sich in verschiedenen Provinzhauptstädten. Der oberste Gerichtshof mit Sitz in Tokyo entscheidet letztinstanzlich auch über die Verfassungsmäßigkeit von Gesetzen und anderen Hoheitsakten. Aber wie jede Gesellschaft ist die japanische auch nicht frei von Konflikten. Nach dem Zweiten Weltkrieg hat sich die Einstellung der Japaner zu Gesetz- und Rechtsfragen im Grunde genommen kaum verändert. Im Allgemeinen strengen die Japaner wegen Rechtsstreitigkeiten nur ungern einen gerichtlichen Prozess an. Wie im Testament des Shigetoki bereits zu lesen, mahnte er ausdrücklich davor, sich in Konflikte und gerichtliche Prozesse verwickeln zu lassen. Die Einstellung der Japaner, Rechtsstreitigkeiten in Zivilsachen nicht durch ein Gerichtsverfahren zu lösen, belegt eine Reihe von Sprüchen und Redewendungen, die vor einem Gerichtsverfahren warnen: „Man vergeudet für ein Gerichtsverfahren drei Jahre. Für einen Rechtsstreit und die Heilung einer Krankheit ist Langmut geboten. Ein Prozess macht nur den Rechtsanwalt reich. Durch einen Prozess wird man nicht reich." Und es gibt noch eine weitere Redewendung: „Sata no kagiri de nai yatsu! (Ein Kerl, der vor einem gerichtlichen Prozess nicht zurückschreckt!)" Dieser

Spruch ist eine Warnung, dass man sich vor so einem Menschen hüten solle. Die Japaner haben generell eine starke Abneigung davor, sich im Fall von Rechtsstreitigkeiten auf Recht und Gesetz zu berufen. Ein Mensch, der immer von seinen Rechten und den Gesetzen spricht, hat ein sehr unehrenhaftes Image. In der feudalen Zeit war das Strafgericht traditionell sehr streng. Das Gericht verhandelte bis 1890 überwiegend Straftaten und wandte dabei allerlei barbarische Foltermethoden an. Die grausamen Hinrichtungen wurden seit der Gründung des Tokugawa-Shogunats bis Ende des 19. Jahrhunderts *öffentlich* vollzogen. Vor dem Hintergrund der Folterpraktiken im Strafgericht ist die alte Redewendung („Sata no kagiri de nai yatsu") so zu verstehen, dass man bei dem Wort „Prozess" vor allem an das Strafgericht und die dabei angewandten grauenvollen Strafen dachte. Erinnert sei hier an das hohe Rechtsbewusstsein in Sachen Menschenrechte und Menschenwürde in Preußen: Friedrich der Große hatte bereits 1743 die Folter abgeschafft. In Japan wurde das Verbot der Folter in der Verfassung verankert, aber die Todesstrafe wird noch in der Gegenwart vollstreckt, jedoch nicht mehr öffentlich. Aus einer Meinungsumfrage geht hervor, dass 80,8 % der Bevölkerung für die Todesstrafe sind. (Quelle: Statistik von Cabinet Office, Japan 2019)

Gerechtigkeit

Der Rechtsschutz ist und bleibt eines der Grundrechte des Menschen. Wie die Frage der Gerechtigkeit im Lauf der Geschichte in Japan behandelt wurden, soll nun näher beleuchtet werden. Seit dem Altertum gab es Schwurgerichte, bei denen erwachsene Dorfbewohner ein Urteil zu fällen hatten. Bei einem Schwurgericht wurden die Schutzgottheiten als Schutz und Beistand angerufen. Der Dorfschrein diente seit alters nicht nur als heilige Stätte der Schutzgottheiten, sondern auch als Gerichtshof. Der Shinto-Priester (Kannushi) hatte die Gerichtsbarkeit inne. Die Streitenden wurden in den Dorfschrein vorgeladen. Ihre Aussagen wurden zunächst bei der Anhörung aufmerksam angehört. Wenn das Schwurgericht aber unentschieden war, mussten die Streitenden im frühen Mittelalter oft ein glühendes Eisen in die Hand nehmen. Anhand des Zustands der Wunden wurde ein Urteil gefällt. Eine leichte Verbrennung an der Hand war das Zeichen dafür, dass der Betreffende unschuldig war und Recht hatte, wer eine tiefe Verletzung an der Hand hatte, war der Schuldige. Alternativ mussten die beiden Parteien manchmal auch ein Los ziehen. Das Ziehen von Losen wurde im Altertum als Wahrsagung der Gottheiten ausgelegt. Seit früher Zeit sprachen die Dorfgerichte bei Streitigkeiten immer nach sorgfältigen Untersuchungen und Anhörungen beider Parteien ein gerechtes Urteil.

Im Mittelalter kamen die Schwurgemeinschaften auf, die vor den Schutzgottheiten im Schrein nach einem Umtrunk mit heiligem Aschewasser einen Eid schworen, und sie begannen, in ihren Ortschaften ihre Interessen als wirtschaftlicher und politischer Bund durchzusetzen. Sie versammelten Schwurgemeinschaften von bewaffneten Bauern um sich und überfielen despotische Feudalherren oder Wucherer im Pfandleihgeschäft. Um Gerechtigkeit zu schaffen, handelte man immer im Kollektiv. Diese Art der Konfliktregelung wurde aber mit dem Erlass zur Entwaffnung (1588) der Wehrbauern durch den Reichsverweser Toyotomi Hideyoshi massiv unterdrückt. Bis zur Entwaffnung wurde hin und wieder auf gewalttätige Weise Selbstjustiz praktiziert und auch ein Zweikampf war rechtens.

Im 16. Jahrhundert entzogen die mächtigen Großfeldherren landesweit den Schwurgemeinschaften und

4 Religiöse Wurzeln der japanischen Werte

genossenschaftlichen Dorfgerichten die traditionelle Gerichtskompetenz und erlangten somit die Jurisdiktion über Land und Leute in ihren Herrschaftsgebieten. Die Großfeldherren urteilten über jeden Zwist und Streit. Die Streitenden wurden immer paritätisch bestraft, ohne dass je ein gerechtes Urteil über die Schuldfrage gefällt wurde. Allerdings wurde in Streitigkeiten diejenige Person, die alle Provokationen des Gegenübers ertragen und nicht erwidert hatte, nicht bestraft. Denn hier beruhte der Streit nicht auf Gegenseitigkeit.

Dieser Brauch der paritätischen Bestrafung (Kenkaryoseibai) ist heute noch in der Arbeitswelt als ungeschriebene Regel und mächtiges Sanktionsmittel wirksam. Wenn zum Beispiel in einer Firma zwei Angestellte in Streit geraten, wird nicht nach Schuld gefragt, sondern firmenintern werden beide gleichzeitig ermahnt und in verschiedene Abteilungen versetzt. Der Vorgesetzte zitiert dabei fast immer die alte Regel der paritätischen Bestrafung (Kenkaryoseibai) aus dem 16. Jahrhundert. In der Arbeitswelt wird Rechthaberei nicht geschätzt und ein friedliches Miteinander steht immer im Vordergrund. Die Streitigkeiten werden selten offen ausgetragen, und bevor es ernst wird, bemüht man sich intern nach Kräften um Harmonie. Zwist und Konflikte am Arbeitsplatz vergiften das Arbeitsklima und mindern die Arbeitsleistung. Ein juristisches Verfahren zur Herstellung von Gerechtigkeit am Arbeitsplatz schadet dem Image nicht nur der Firma, sondern auch des Klägers. Schließlich ist es seit alters nicht ehrenhaft, Probleme durch einen gerichtlichen Prozess zu lösen. Die hohen Ausgaben der japanischen Firmen für die Kontaktpflege mit ihren Mitarbeitern und Auftraggebern beruhen traditionell auf dieser zwingenden Notwendigkeit. Was für eine gute Arbeitsatmosphäre und die Kontaktpflege aufgewandt wird, ist in jeder Hinsicht produktiver als die Kosten für gerichtliche Prozesse. Seit der Wirtschaftskrise 2008 wurden jedoch die Ausgaben für Kontaktpflege in Unternehmen drastisch gekürzt und gleichzeitig ist die Zahl der psychisch Kranken und der Klagen am Arbeitsplatz erheblich gestiegen.

Ideale Lösung von Konflikten

Wenn es um die Lösung von Konflikten ging, wurden schon immer das Nachgeben, das Suchen nach Kompromissen sowie die Teilung von Lasten und Schaden hochgeachtet. Eine ideale Regelung eines Konfliktes, von der das Rechtsbewusstsein der Japaner nachhaltig geprägt ist, soll nun im Mittelpunkt stehen. Es handelt sich eine alljährlich in Fernsehfilmen wiederholte Geschichte, die jedoch auf einer frei erfundenen Handlung basiert. Der Schlichter in dieser Geschichte ist eine historische Person, die im 18. Jahrhundert in Edo als angesehener, gerechter Administrator tätig war. Die Handlung ist wie folgt:

Am Ende eines Jahres leiht sich ein Tapezierer vom Pfandhaus drei Ryo (alte Währung) und legt diese in einen Briefumschlag. Unterwegs fällt ihm der Umschlag mit dem Geld auf den Boden, ohne dass er es bemerkt. Ein Tischler findet auf seinem Weg diesen Umschlag und versucht, anhand der Anschrift auf dem Kuvert den Besitzer ausfindig zu machen. Er lässt seine Arbeit ruhen und findet am vierten Tag endlich den Besitzer. Der ehrliche Finder will dem Besitzer den Fund übergeben, doch der von der Ehrlichkeit des Finders ergriffene Tapezierer meint, dass er das Geld bereits vor Tagen verloren habe und es deshalb jetzt dem Finder gehöre. Zumal dieser vier Tage auf die Suche verwandt habe und er deshalb das Geld als Finderlohn behalten solle. Die beiden diskutieren lebhaft über das wiedergefundene Kuvert. Zwischenzeitlich versammeln sich Bekannte, Verwandte und Nachbarn um die beiden und mischen sich ein. Da sich die Geister darüber scheiden, ob das Geld behalten werden darf, gehen sie zum Gerichtshof. Der Richter ist ebenfalls beeindruckt von den ehrlichen Menschen. Er nimmt das Geld und legt es in die Staatskasse. Der Richter meldet den Fall seinem Dienstherrn, dem Shogun. Der von der Ehrlichkeit und dem Zugeständnis beider Männer tief bewegte Shogun übergibt dem Richter drei Ryo als Geschenk, der dieses Geldgeschenk an den Finder und den Eigentümer weitergibt; jeder erhält zwei Ryo. Verdutzt schauen sich Finder und Eigentümer an. Der Richter erklärt, dass er selbst auch einen Ryo gespendet habe. Deshalb erhielten beide Männer je zwei Ryo. Interessant ist die Erläuterung des Richters: Drei Personen, der Eigentümer, der Finder und der Richter, haben nun jeweils einen Ryo verloren. Wenn der ursprüngliche Eigentümer sein Geld nicht verloren hätte, hätte er drei Ryo. Genauso der Finder, wenn er das Geld einfach behalten hätte, hätte er auch drei Ryo. Und der Richter hätte, wenn er diesen Fall nicht hätte entscheiden müssen, keinen Ryo spenden müssen. So haben die drei Beteiligten in Wirklichkeit jeweils einen Ryo weniger.

Diese Art der Konfliktlösung heißt auf Japanisch Sanpo Ichiryozon (drei Seiten verlieren je einen Ryo), eine Lösung, die in Japan bei allen Konflikten angestrebt wird. Verluste und Belastungen sollen von allen Beteiligten gleichmäßig getragen werden, denn nur so kehrt Friede ein. Ein alleiniger Gewinner ist traditionell unerwünscht. Diese Maxime ist noch in vielen Lebensbereichen der Gegenwart maßgebend.

Einstellung zur Arbeit

Einer in Deutschland 2014 durchgeführten Umfrage zufolge geben 60 % der Befragten an, gerne früher als zum gesetzlich vorgesehenen Renteneintrittsalter in Rente gehen zu wollen, 30 % möchten wie gesetzlich vorgesehen ihr Arbeitsleben beenden. Nur 6 % wollen länger arbeiten. Die Einstellung der westlichen Arbeitnehmer, die sich gegen die Verschiebung des Renteneintrittsalters wehren und den Ruhestand herbeisehnen, können die meisten Japaner kaum nachvollziehen. Müßiggang ist eine Horrorvorstellung für Japaner, die sich daher auch nach dem Renteneintritt eine Beschäftigungsmöglichkeit suchen. Manche finden im Rentenalter wieder eine Teilzeitarbeit bei einer Firma. Dabei muss die neue Beschäftigung nicht immer eine Erwerbstätigkeit sein. Im Ruhestand ziehen sich viele Vorstandsmitglieder und Manager aus der obersten Führungsriege der Großunternehmen aufs Land zurück, um einen Kleingarten zu bestellen. In der körperlichen Gartenarbeit wollen sie Ausgleich finden. Ausschließlich die Zeit mit Golfspielen und Müßiggang zu verbringen, können die meisten schwer ertragen. So widmen sie sich gern karitativen Werken oder besuchen Fremdsprachenkurse und diverse Hobbyschulen. Am liebsten wollen die Japaner lernen und bis zum Ende ihres Lebens tätig sein. Viele betagte Schauspieler in Japan wünschen sich über alles, ihre letzte Stunde auf der Bühne zu verbringen. Diesen Hang der Japaner belegt die folgende Statistik der OECD (2017). Die Zahlen in Klammern verweisen auf das gesetzliche Renteneintrittsalter: In Frankreich liegt das tatsächliche Renteneintrittsalter bei Männern bei 60 (61,6) und bei Frauen bei 60,3 (61,6) Jahren. In Deutschland gehen die Männer schon im Durchschnitt mit 63,3 (65) und die Frauen mit 63,2 (65) Jahren in Rente. In den USA scheiden Männer mit 66,8 (66) und Frauen mit 65,4 (66) Jahren aus dem Berufsleben aus. In Japan ist das gesetzliche Renteneintrittsalter bei Männern 65 Jahre, aber das tatsächliche Ausscheiden aus der Erwerbstätigkeit findet erst mit 70,2 und bei Frauen mit 68,8 (65) Jahren statt. Unter den führenden Industrieländern ist Japan das einzige Land, in dem die meisten Erwerbstätigen länger arbeiten, als sie gemäß offiziellem Renteneintrittsalter müssten.

Ikigai: eine sinnstiftende Tätigkeit

Nur sehr wenige Menschen können sich in der Berufswelt mit ihrer Arbeit selbst verwirklichen: Meist gelingt dies nur freiberuflichen Kunsthandwerkern, Künstlern und einer kleinen Anzahl von Forschern in der akademischen Welt. Für die meisten der abhängig Beschäftigten ist der Beruf nur selten der Weg zur Selbstverwirklichung. Dennoch stiftet das Berufsleben Identität. Arbeit verleiht dem Leben einen Sinn, diese Ansicht wird in Japan in breiten Bevölkerungskreisen geteilt. Die meisten Japaner betrachten ihre berufliche Tätigkeit, die auf Japanisch Shigoto heißt, als den größten sinnstiftenden Faktor ihres Lebens. Eine Ehe oder eine Partnerschaft kann leicht zu Bruch gehen. Aber die Arbeit, die Firma, die Gemeinschaft am Arbeitsplatz – all dies bietet eine reale Lebensgrundlage und oft das letzte Refugium. Wer aus dem identitätsstiftenden Berufsleben ausscheidet, sucht sich eine neue sinnstiftende Tätigkeit (Ikigai). Das Wort Ikigai ist im Alltagsleben sehr oft zu hören. Wenn man jemanden nach seiner Ikigai fragt, werden ganz verschiedene Dinge genannt: Liebe, Familie, Kinder, Arbeit, Geld, Golfspielen, Hobby, Haustiere und ehrenamtliches Engagement. Es ist in Japan wohl bekannt, dass die Deutschen den Fleiß für eine spezifisch deutsche Tugend halten. Daher nehmen die Japaner an, dass auch die meisten Deutschen bis zum gesetzlichen Renteneintrittsalter von 65 Jahren arbeiten. Freiwillig und vorzeitig in den Ruhestand zu gehen, ziehen nur sehr wenige Menschen in Japan in Erwägung. Ruhestand bedeutet für die meisten

Japaner Stillstand. All der Stress und der Druck im Berufsleben gehören eben dazu, meinen die Arbeitswilligen. Darum suchen viele der aus dem Berufsleben ausscheidenden Arbeiter und Angestellten eine alternative Beschäftigungsmöglichkeit. 2019 führte das Cabinet Office eine Untersuchung in Bezug auf Einstellung und Bewusstsein der Arbeitnehmer durch. Nach den Umfrageergebnissen (aus dem Weißbuch für alternde Gesellschaft 2020, Cabinet Office) wollen 36,7 % der über 60-jährigen Erwerbstätigen möglichst lange arbeiten, 23,4 % bis zum 70. und 19,3 % bis zum 75. Lebensjahr. Nur 11,6 % wollen spätestens mit 65 nicht mehr arbeiten. In Wirklichkeit waren derzeit 60,1 % der Männer im Alter von 65 bis 69 erwerbstätig, 41,7 % im Alter von 70 bis 74. Bei Frauen war die Erwerbsquote jeweils 38 % und 35,5 %. Auf die Frage, warum sie nach dem Renteneintrittsalter noch arbeiten, nennen 45,4 % der Befragten finanzielle Gründe (Sicherung der Lebensunterhaltskosten für sich und die Familie), danach folgen „um körperlich und geistig fit zu bleiben", „Spaß und Freude an der Arbeit", „zur Entfaltung persönlichen Wissens und Könnens" und „zur Pflege sozialer Kontakte".

An der ersten Stelle stehen also finanzielle Gründe und die folgenden Angaben zählen zu Ikigai. Es zeigt sich hier eine tiefe Verunsicherung der Menschen bezüglich des Rentensystems in einer rapide alternden Gesellschaft. Die durchschnittliche Lebenserwartung der Japaner rangiert im internationalen Vergleich auf dem höchsten Stand, und eine Durchschnittsrente in Japan ist im Vergleich mit anderen Industrieländern hoch. Aber viele hegen Zweifel am Fortbestehen des gegenwärtigen Rentensystems. Notgedrungen oder aus Verunsicherung sind die Arbeitsbereitschaft und die Nachfrage nach Beschäftigung im Alter ziemlich hoch. Diese ungebrochene Bereitschaft zu

Arbeit und Beschäftigung hängt eng mit der traditionellen Lebenseinstellung zusammen: Leben ist Arbeit, Leben ist Lernen. Lebenslang Tätigsein gilt als gesegnetes Leben. Sehr viele Rentner beschäftigen sich mit einem Hobby, einer Teilzeitarbeit oder mit der Verwirklichung ihrer jahrzehntelang gehegten Träume. Außerdem engagieren sie sich auch sozial-karitativ. Ein Leben ohne Lernen oder ohne Tätigkeit ist für die meisten Japaner undenkbar. Die Menschen in China und Korea hingegen staunen darüber, dass man in Japan noch im hohen Alter lernbereit und arbeitswillig ist. Zum Beispiel sind sie beeindruckt von einem 83-jährigen Gärtner, der als Teilzeitarbeiter einer Firma die jahrhundertealten Bäume in einer Parkanlage mit größter Hingabe pflegt. Vollkommene Hingabe in der beruflichen Tätigkeit ist vergleichbar mit einem Zustand in der Zen-Meditation, der Selbst-Vergessenheit. Gerade in dieser Einstellung der Japaner zu Arbeit und Leben wird eine spirituelle Tiefe spürbar. Seit alters verstand man den Beruf als „Weg (-do) des Lebens". Die Kaufleute betrachteten ihren Handelsberuf als Chonin-do, die Samurai (Bushi) den ihren als Bushi-do, die Meister der traditionellen Teezeremonie ihren Hausberuf ebenfalls als Sa-do, die Meister des Blumenarrangements ihren Beruf als Ka-do, die Künstler der Kalligraphie ihren Hausberuf als Sho-do, die Meister und Lehrer der traditionellen Wehrkunde mit dem Bambusstock als Ken-do, Bogenschießen (Kyu-do), Ju-do, Aiki-do usw.

Zen und Arbeitsethik

Der Mann, der wohl den nachhaltigsten Einfluss auf die Einstellung der Japaner zur Arbeit ausgeübt hat, ist Suzuki Shosan (1579–1655). Als Samurai aus Mikawa (der Präfektur Aichi auf der Hauptinsel) war er Gefolgsmann von Tokugawa Ieyasu. Suzuki zog im Jahr 1600 in eine epochale Schlacht in Sekigahara, die den seit nahezu drei Jahrhunderten wütenden Bürgerkriegen ein Ende setzte. Nach diesem Krieg bildete Tokugawa-Ieyasu das Shogunat in Edo. Suzuki war eine Zeitlang Beamter des Shogunats, trat jedoch 1620 in einen Zen-Orden ein. 1637 ereignete sich ein bewaffneter Bauernaufstand auf der Insel Kyushu. Die Einwohner dieser Insel waren fast alle Christen, sie erhoben sich gegen die harten Forderungen nach Abgaben und Leistungen durch die Feudalherren der Ortschaften. Vom Shogunat wurden 124.000 Soldaten zur Niederschlagung des Aufstandes von nur 40.000 Bauern und Fischern aufgeboten. Dieser Bauernaufstand wurde vom Shogunat als Aufstand der Christen generell gewertet, und man setzte es sich daher zum Ziel, die Christen zum Buddhismus zu bekehren. Suzuki zog freiwillig mit in diesen Feldzug (vermutlich als Feldpriester) und fasste danach eine am Zen-Buddhismus orientierte Ethik zur Widerlegung der christlichen Lehre ab: *Hakirishitan* (Gegen das Christentum). Er hoffte, mit seiner Lehre die Aufständischen zum Buddhismus zu bekehren und ihnen den Weg zur rechten Lebensweise aufzuzeigen. Nicht nur in dieser Schrift, sondern auch in seinen vielen anderen Werken ging es darum, wie der Mensch im Diesseits im Einklang mit sich selbst und mit anderen in Harmonie leben kann und welche Wege dahin die richtigen sind. Seine Lehre richtete sich nicht nur an die zum Buddhismus zu bekehrenden ehemaligen Christen, sondern auch an die Gläubigen der Jodo-Shinshu-Schule in Ortschaften am Japanischen Meer, die vehement gegen die Feudalherren aufbegehrt hatten und schon über ein Jahrhundert lang ihre Autonomie behaupten konnten. In seiner sozialethischen Lehre betonte Suzuki Shosan vor allem, dass Buddha das Wesen der Welt sei und alle Menschen wie Buddha handeln müssten. Suzuki Shosan hatte erkannt, dass alles Leid seine Ursachen in drei „Giften" (Habgier, Zorn und Unzufriedenheit) hat. Gemäß Shosan ist die alltägliche Arbeit eine buddhistische Praxis, wenn sie nur in der rechten Absicht getan wird.

Aus dieser Überzeugung fasste er eine konkrete Anleitung zur richtigen Lebensführung ab. Seine Sozialethik legte er in seinem Werk *Shimin Nichiyo* (das alltägliche Leben für vier Stände: Samurai, Bauern, Handwerker und Kaufleute) vor, das in Form von Fragen und Antworten abgefasst war. In diesem Buch bringt in dem Abschnitt über die Bauern ein Landwirt folgende Klage vor: „Es ist sehr wichtig, für die Seligkeit nach dem Tod zu beten; aber ich bin Tag für Tag mit der Arbeit auf dem Feld beschäftigt. Wenn ich dieser niedrigen Arbeit nachgehe, kommt mir der traurige Gedanke, dass ich in der kommenden Welt werde leiden müssen, weil ich mein Leben in dieser Welt so nutzlos verbracht habe. Wie kann ich Buddhaschaft erlangen?" Shosan gibt eine klare Antwort: „Feldarbeit ist buddhistische Praxis." Es sei falsch, sagt er, die eigene Arbeit liegen zu lassen, um für die Wiedergeburt im Jenseits zu beten. Landarbeit sei schon als solche eine asketische Übung, die den Bauern sogar über den buddhistischen Priester erhebt, der kaum arbeitet und nur betet. Shosans Werke enthalten eine Fülle kritischer Bemerkungen über die Priesterschaft, die er für unproduktiv hält. Shosan betrachtet die körperliche Arbeit des Bauern als Askese und Buße zugleich: „Bestelle dein Feld gewissenhaft, als müsstest du Buße tun. Freie Zeit lässt nur die bösen Leidenschaften wachsen." Wenn der Bauer sich in harte Arbeit stürze und keine Mühe scheue, werde er niemals von bösen Leidenschaften heimgesucht. So werde er nicht nur Erleuchtung finden und Buddhaschaft erlangen, auch die Gesellschaft werde eine Reinigung erfahren. Shosan erklärt dies so: „Dass du als Bauer geboren bist, ist ein Geschenk des Himmels an die Welt, denn es ist deine Aufgabe, die Menschen zu ernähren. Darum überlasse dich ganz den Wegen des Himmels und denke nicht an dich selbst. Diene dem Himmel durch deine Feldarbeit." Der folgende Abschnitt des *Shimin Nichiyo* beschreibt, wie Kaufleute und Handwerker ihr Leben gestalten sollen. Darin klagt ein Handwerker über seine Arbeit, woraufhin Shosan erwidert: „Ohne Handwerker wie den Schmied gäbe es keine Werkzeuge; ohne Samurai gäbe es keine Ordnung in der Welt; ohne Bauern gäbe es keine Nahrung; ohne Kaufleute müssten wir darben. Und so ist es mit allen Gewerben; sie sind zum Nutzen der Welt da." In Shosans Sicht hat der Himmel den Kaufleuten die Aufgabe zugewiesen, „die Freiheit im ganzen Land zu fördern". Dem Kaufmann rät er: „Opfere dich auf für die Welt. Reise von Ort zu Ort, stets in dem festen Willen, die Wohlfahrt aller zu mehren, und sei dir stets bewusst, dass du in allem, was du tust, nur die buddhistische Zucht als Buße für deine Sünden übst. Du tust Buße, wenn du Gebirge überwindest; du reinigst deine Seele, wenn du Ströme und Flüsse durchquerst; du übst Entsagung und singst Sutren, wenn du über das weite Meer segelst. Bedenke, das Leben ist nur eine Reise durch die vergängliche Welt. Lass ab von den weltlichen Interessen und gehe deinen Geschäften ohne Profitgier nach; dann wird der Himmel dich beschützen und die Gottheiten werden dich segnen. Der Wohlstand wird sich einstellen, aber du wirst es verachten, nur ein reicher Mann zu sein." (Yamamoto 2006, S. 705–708)

An dieser Wegweisung lässt sich erkennen, dass die Prinzipien und Maximen der heutigen japanischen Geschäftsleute, die um den Globus reisen, von der Arbeitsethik Shosans nicht wesentlich abweichen. Noch immer haben viele von uns ganz instinktiv das Gefühl, es sei Unrecht, nach exzessivem Profit zu streben, wenn aber Gewinne wieder investiert werden, seien diese akzeptabel. Im japanischen Börsenmarkt hielten Kleinanleger lange Zeit die Reinvestition der Gewinne durch Unternehmen für normal und gaben sich mit kleinen Dividenden zufrieden. Glaubten sie doch, dass die Reinvestition schließlich zu einem höheren Aktienwert führen wird. Die westliche Praxis, möglichst hohe Dividenden einzufordern, war den Kleinanlegern in Japan bis zur Globalisierung der Aktienmärkte völlig fremd. Darum meiden solide mittelständische Betriebe den Börsengang. Sie sind der Ansicht, angesichts der Forderungen der Aktionäre nach globalen Standards könne ein Betrieb keine langfristigen Projekte mehr entwickeln. Es ist klar, dass ein Unternehmen unvermeidlich in Konkurs geht, wenn es nur der Gesellschaft diente. Entscheidend ist der Gedanke, dass ein Betrieb sich darum bemüht, seinen Kunden zu dienen und zugleich Gewinne zu erzielen. Wäre er ausschließlich profitorientiert, so liefe er Gefahr, bald Pleite zu gehen. Shosan mahnte: „Ein egoistischer Mensch, der nur seine eigenen Interessen sieht und zum Schaden anderer übergroßen Profit schindet, der lädt den Fluch des Himmels auf sich und stürzt sich selbst ins Elend. Alle werden ihn hassen und verachten, und nichts wird ihm schließlich mehr gelingen." Nicht nur die Lehre Shosans, sondern auch eine Vielzahl von Konkursfällen in der Geschichte, wo Unternehmen kurzsichtig handelten und bloß nach extremen Profiten strebten, hatten nachhaltige Auswirkungen auf das Geschäftsgebaren der existierenden Betriebe.

Aufrichtigkeit und Genügsamkeit

Neben den Ansichten von Suzuki Shosan ist die Philosophie des ehemaligen Bantos eines Kaufmannshauses, Ishida Baigan (1685–1744), für die Wertorientierung von solcher Tragweite, dass sie auch noch in unserem Jahrhundert Geltung hat. Während der Zen-Mönch Suzuki Shosan seine Morallehre im buddhistischen Geist verkündete, vertrat Baigan eine Ethik der praktischen Vernunft. Ishida Baigan wurde als Bauernsohn geboren und gelangte in jungen Jahren als Handelsgehilfe in ein Kaufmannshaus. Mit 45 gab er seine Arbeitsstelle als Banto jedoch auf und eröffnete in Kyoto eine kleine Privatschule. Die Schüler Baigans waren meistens Kaufleute und Handwerker aus der Stadt. Männer wie Frauen strömten in seine Schule, um ihn zu hören. Für seine Vorlesungen verlangte er keine Gebühr. Im ausgehenden 17. Jahrhundert geriet die Wirtschaft in eine Rezession, und man fragte sich zu jener Zeit ernsthaft, wie man ein Familiengeschäft ohne Risiko weiter betreiben könne. Zu jener Zeit erlebte Baigan unmittelbar, dass eine Vielzahl der einst angesehenen Kaufmannsbetriebe dem Untergang entgegenging. Er mahnte seine Schüler: „Seht euch die Gesellschaft an und ihr werdet feststellen, dass nichts so schnell vergeht wie der Wohlstand der Kaufleute." Baigan vertrat eine pragmatische Volksethik und eine verständliche Weltanschauung, die den Anforderungen seiner Zeit entsprachen. Die Grundgedanken seiner Ethik wurden selbst von Adel und Samurai-Stand wohlwollend aufgenommen. Hier zeigt sich, wie unkonventionell die japanischen Herrscherstände sogar die Weltanschauung eines Volksphilosophen aus dem Kaufmannsstand teilten. In Bezug auf die Gegebenheiten seiner Zeit notierte Baigan Folgendes: Dem äußeren Anschein nach werde Japan vom Samurai-Stand beherrscht, doch in Wirklichkeit herrschten die Kaufleute. Baigan hob die gesellschaftliche Bedeutung des Kaufmannsstandes hervor, indem er sich mit der Natur der kaufmännischen Tätigkeit auseinandersetzte. Er schrieb, dass die Tätigkeit des Kaufmanns dem Wohl der Welt diene. Dem Handwerker sei die Arbeit Quelle seines Lebensunterhalts. Der Bauer erhalte

4 Religiöse Wurzeln der japanischen Werte

seinen Lohn für seine Arbeit, und beim Samurai sei es nicht anders. Die Standesunterschiede zwischen Samurai, Bauern, Handwerkern und Kaufleuten sah Baigan im Wesentlichen in unterschiedlichen Pflichten begründet, die aber alle denselben moralischen Grundsätzen unterworfen waren.

Die Aufrichtigkeit gegenüber dem eigenen Herzen bildet den Kern der Baigan'schen Lehre. Dies ist heute noch ein wichtiger Bestandteil der Volksethik. Baigan lehrte: „Ein Kaufmann muss sein Geschäft mit praktischer Vernunft betreiben. Vor allem ist ein Kaufmann, der seine Kunden betrügt, kein echter Kaufmann." Er riet den Kaufleuten, ihre Kosten um 30 % und ihre Gewinne um 10 % zu reduzieren. Des Weiteren sollten sie auf eine sehr genaue Buchführung achten und stets bewusste Zurückhaltung bei Geschäftserweiterungen in Fremdgewerben üben. Man müsse sich, so meinte er, auf das Kerngeschäft des Hauses konzentrieren. Vermeidung von Luxus und Verschwendung sei die Voraussetzung für das Fortbestehen des Familiengeschäfts. Baigan betonte, dass diese Grundsätze auf die ganze Gesellschaft bis hin zu den Samurai und zum Hofadel anwendbar seien. Er lehrte, wie man im Einklang mit sich selbst leben könne. Religionen, Philosophie und Medizin dienten allein diesem Zweck, so Baigan. Gewinne hielt er für gerechtfertigt, sofern sie durch ehrliche Arbeit erworben worden seien. Diesen Gedanken verfolgte er weiter und überlegte, wie der Kaufmann dem Weg des Himmels folgen könne, ohne der Habgier zu verfallen. Zu allen Zeiten gelte es, so Baigan, seinen Kunden zu dienen und sich vor Habgier zu hüten. Wer stets zu dienen sich bemühe, dem sei der Wohlstand gewiss. Wenn die Menschen ihrer alltäglichen Arbeit eine religiöse Bedeutung beilegten und darin ihre Befriedigung fänden, so seien sie bestens gerüstet, im Geschäftsleben erfolgreich zu werden. Diese Wertorientierung findet sich in den Sinnsprüchen zahlreicher Kaufmannsbetriebe. Die Wahlsprüche des Tempelbauunternehmens

Kongogumi (Gründungsjahr 578) zum Beispiel, wurden von seinem 32. Nachfolger im Testament wie folgt festgelegt: „Widmet euch der Bauarbeit von Tempeln und Schreinen mit größter Hingabe, meidet maßloses Trinken, seid immer bescheiden und gemäßigt in allen Dingen und handelt stets zum Wohl der anderen."

Neben Fleiß und Sparsamkeit ist die Genügsamkeit eine hohe Tugend in der japanischen Volksethik. Sie führt zu Zufriedenheit im Leben und zum Einklang mit sich selbst. Baigans Vorstellung von Genügsamkeit beruht auf der Selbstbeschränkung. „Warum müssen Menschen mehr verbrauchen, als sie benötigen?", fragte Baigan. Er hielt es nicht für notwendig, mehr als das Minimum zu besitzen. Genügsamkeit sei letztlich ein Mittel der moralischen Erziehung, das den Menschen gestatte, ihr Haus in Ordnung zu halten. Nötig sei dazu Selbstbeherrschung, in dieser sah Baigan die Grundlage der sozialen Ordnung. Noch heute ist die Selbstbeschränkung ein Gebot sowohl bei Profitorientierung als auch im zwischenmenschlichen Umgang. Auch ein alter Sinnspruch lehrt die Genügsamkeit: „Taru-o shiru (es ist gut zu wissen, dass es ausreichend ist)."

Vorstandsvorsitzender ohne Vergütung

Die meisten Menschen in Japan widmen sich ihrem Beruf oder ihren alltäglichen Aufgaben mit größter Redlichkeit. Sie praktizieren jene asketische Arbeitsethik von Shosan: „Wer seine Arbeit mit Fleiß verrichtet, der findet seelische Erfüllung und Zufriedenheit im Leben und zugleich werden die Früchte seiner Arbeit der Gesellschaft zugutekommen." In dieser Überzeugung sind zahlreiche Selbstständige und Freiberufliche im hohen Alter von 90 oder 100 Jahren noch aktiv im Beruf. 2010 hatte die Meldung viele Menschen in der Finanz- und Wirtschaftswelt angenehm überrascht, dass sich der namhafte Unternehmer Inamori Kazuo (geb. 1932), damals 77 Jahre alt, als Vorstandsvorsitzender ohne Vergütung zur Verfügung gestellt hatte, um die vor Jahren privatisierte und 2010 in Konkurs gegangene Fluggesellschaft Japan Airlines (JAL) zu sanieren und wiederaufzubauen. Als die Wiederaufbauorganisation Enterprise Turnaround Initiative Corporation of Japan (ETIC) Inamori bat, diesen Auftrag anzunehmen, erklärte er sich bereit, die Arbeit unentgeltlich zu übernehmen. Die Fluggesellschaft JAL wurde binnen drei Jahren wiederaufgebaut und kam im September 2012 an die Börse.

1959 hatte der junge Unternehmer Inamori zusammen mit 28 Ingenieuren eine kleine Heimwerkstatt für Keramikzubehör zur Stromisolierung gegründet. (Inamori 2003) Aus dieser Werkstatt ist heute ein weltweit führendes Unternehmen (Kyocera) im Bereich Elektro- und Kommunikationstechnik sowie Solarenergie mit 219 Tochtergesellschaften entstanden, das 60.000 Angestellte beschäftigt. Als Unternehmensideal führt Inamori, der frommer Buddhist ist, Folgendes an: Das Unternehmen müsse allen Beschäftigten geistige und materielle Zufriedenheit bieten und zugleich der Gesellschaft und Menschheit dienen. Die Sinnsprüche des Unternehmens lauten: „in Lauterkeit und Demut arbeiten, fair und gerecht handeln, Menschen, Arbeit, Firma, Heimatland lieben und vor dem Himmel Ehrfurcht haben". Ferner hat Inamori zwölf Betriebsmaximen festgelegt, in denen sich Sinn und Zweck seines Unternehmens manifestieren. Es sind die traditionellen Werte: Zielstrebigkeit, Konsens, Kampfgeist, Willensstärke, Fleiß, Mut, Sparsamkeit, Innovationsgeist, beiderseitiger Gewinn, Rücksichtnahme, Träume und Hoffnungen auf die Zukunft. Darüber hinaus betrachtet Inamori es als die soziale Verpflichtung eines Unternehmens (Corporate Social Responsibility), mit guten Produkten und Service den

Kunden und Verbrauchern zu dienen, die Arbeitsstellen zu sichern, die Umwelt zu schützen und schließlich der Gesellschaft zu dienen. Dadurch kann ein Unternehmen Vertrauen und Respekt seiner Kunden gewinnen. Den Europäern mag es altmodisch und unsinnig vorkommen, dass die Angestellten bei Kyocera es sich freiwillig zur Aufgabe gemacht haben, morgens regelmäßig die umliegenden Parks und Straßen zu kehren. Diese alten Gepflogenheiten bei Arbeitsbeginn gelten noch immer. Im Sinne der Gemeinschaft gründete das Unternehmen zahlreiche Forschungsinstitute, Stiftungen und Fördervereine für Begabte und Lernwillige sowie diverse Entwicklungsprojekte weltweit. An den Kursen seiner privaten Akademie für Betriebsmanagement, Seiwajuku, nehmen jährlich mehr als 3000 Manager aus Kleinbetrieben und mittelständischen Unternehmen teil, um von Inamori Betriebswirtschaft und Management zu lernen. Jedes Jahr besuchen zahlreiche Wirtschaftsdelegationen aus dem Westen wie auch aus dem Fernen Osten dieses Unternehmen. Alle bewundern, dass ein Kleinbetrieb in so kurze Zeit zum Weltmarktführer geworden ist. Weltmarktführer zu sein, ist ohne Zweifel eindrucksvoll, garantiert aber nicht unbedingt eine sichere Zukunft des Unternehmens. Inamori betont, dass nur diejenigen Unternehmen überleben können, die zu einem soliden Bestandteil der Industrie und Wirtschaft des Landes werden.

Vornehme oder niedere Arbeit

Wie bereits dargestellt, beginnt ein Lehrling meist in einem Kleinbetrieb seine Ausbildung mit Putzen und Kehren am Arbeitsplatz. Ein Neuangestellter mit Hochschulabschluss mag sich über diese einfachen Aufgaben wundern und sich

4 Religiöse Wurzeln der japanischen Werte

gar unterbewertet fühlen. In der Tat klagen die traditionellen Handwerksgewerbe darüber, dass die jungen Menschen heutzutage ihre Arbeitsstelle ohne Weiteres kündigen, wenn sich die Arbeit anders gestaltet, als sie es sich vorgestellt haben. Sie wünschen sich, sofort mit einer in ihren Augen vernünftigen Aufgabe betraut zu werden. Dieses Problem macht vielen Kleinbetrieben zu schaffen. Blicken wir daher einmal auf eine traditionelle Instruktion zur Arbeit, die auf der buddhistischen Lehre beruht und noch in unserer Zeit maßgebend ist.

Der strenge Zen-Meister Dogen (1200–1253), der Stifter der Soto-Zen-Schule, lehrte seine Schüler, dass es im menschlichen Leben weder vornehme noch geringe Arbeiten gibt. Er verneinte den Unterschied zwischen einer sinnvollen Aufgabe und einer geringwertigen. Alle unwichtig scheinenden Tätigkeiten seien für das Leben unentbehrlich; alle scheinbar wichtigen Tätigkeiten seien im Grunde genommen nicht so wichtig wie angenommen. Deshalb ist im Zen-Tempel ein meditierender Priester nicht vornehmer als ein Mönch im Küchendienst. Dogen lehrte, dass die Menschen ihren alltäglichen Pflichten gewissenhaft nachgehen sollten. Diese Lehre wird in unserem Jahrhundert noch in den Zen-Tempeln praktiziert. Neben Meditationen widmen sich die Novizen selbstvergessen auch dem Putzen, Kehren und Kochen. In den Zen-Tempeln gibt es Meditationskurse für Kinder und Erwachsene. Einige dieser Tempel vermitteln im Auftrag von Unternehmen deren neuen Angestellten eine Arbeitsethik, damit sich die Mitarbeiter voll im Berufsleben einsetzen, und leiten sie zum Ausgleich auch in Meditationsübungen an.

Auch die Nachkommen der angesehenen Gründerfamilien (Iemoto) von traditionellen Kultur- und Kunstbetrieben werden in die buddhistischen Tempel geschickt. Eine der ältesten Schulen für Blumenarrangement, Ikenobo, feierte kürzlich ihr 550. Jubiläum, der derzeitiger Meister ist die 45. Generation. Er musste im Alter von elf Jahren die Nachfolge antreten, weil sein Vater, der ebenfalls Meister war, sehr früh starb. In seiner Jugend trat dieser 45. Meister Ikenobo Sen-ei in einen buddhistischen Tempel ein und mit 20 Jahren bekleidete ein Priesteramt. Der amtierende Priester und Meister lehrt seine Schüler den Geist der schönen Kunst. Der Nachwuchs aus den Gründerfamilien verbringt gewöhnlich einige Lehrjahre im buddhistischen Tempel und arbeitet dort genauso hart wie die einfachen Novizen, indem er sich mit Putzen, Kehren, Meditieren und Beten beschäftigt. Die Nachkommen der Gründerfamilien werden vom Priester bezüglich ihrer Einstellung zur Arbeit sowohl gerügt als auch ermutigt. Der Priester predigt den Nachkommen, dass sie den Menschen mit reinem Herzen dienen und auch bei banalsten Arbeitsvorgängen im Beruf ihr grundlegendes Arbeitsethos nicht vernachlässigen sollen. Diese Ausbildung im Tempel absolvieren die Nachkommen meistens vor der Zeremonie der Namensübertragung, Shumei.

Selbstverwirklichung und Haustradition

Es ist bemerkenswert, dass die Nachfolger der traditionsreichen Familienbetriebe bei ihrer Lebensentscheidung größeren Wert auf den Hausberuf legen als auf ihre Selbstverwirklichung in einem anderen Beruf. Der Name des Familienbetriebs, das Markenzeichen und die Kontinuität der Haustradition haben Vorrang vor persönlichen Träumen und Selbstverwirklichung. Ein Nachfolger wird jedoch im Normalfall nicht ohne inneren Konflikt in den Familienbetrieb eintreten. Die Biografien einiger Meister im Kunsthandwerk zeigen, wie sie sich nach großen Umwegen über verschiedene andere Berufe letztlich doch für ihren Familienberuf entschieden. Ihre Berufung, den Familienbetrieb zu führen, überwiegt schließlich ihre Sehnsüchte nach einem anderen Beruf oder Leben. In ihrem Hausberuf müssen sie sich dann aber ihre Identität und Selbstverwirklichung im Rahmen der jahrhundertealten Haustradition erkämpfen. Ein Keramiker aus einer Werkstatt für Teeschalen zum Beispiel, der in einer Kunstakademie moderne bildende Kunst studiert und in Italien etliche Studienjahre verbracht hatte, ringt lebenslang darum, seine schöpferische Individualität in die Haustradition einzubringen. In einem Interview sagte er, dass seine Identität und Selbstverwirklichung erst dann vollendet seien, wenn er sich in die lange Ahnengalerie des Hauses einreiht haben werde. Der Eigenwert eines Meisters im Kunsthandwerk definiert sich nur im Einklang mit der Haustradition. Die Konturen eines Meisters sowohl im Kunsthandwerk als auch in der darstellenden Kunst entwickeln sich erst mit der Zeit, wandeln sich und reifen. Auch wenn ein Meister denselben Vornamen wie seine Vorfahren trägt, ist seine Besonderheit unverwechselbar und klar zu erkennen.

Jährlich gibt es zweimal, im Frühling und im Herbst, eine Ordensverleihung für darstellende Künstler des Kabuki- und Noh-Theaters sowie für Meister des traditionellen Kunsthandwerks. Sie werden zum „Träger des immateriellen Kulturgutes" ernannt und ihnen wird vom Kaiser ein Verdienstorden verliehen. Diese mit Orden ausgezeichneten Meister und Künstler werden im Volksmund liebevoll „Nationalschatz in Person (Ningenkokuho)" genannt. Hier sieht man, wie hoch die Achtung und Wertschätzung des Kunsthandwerks in der Gesellschaft ist. Die Meister und Künstler erhalten eine kleine Leibrente (jährlich zwei Millionen Yen), und sie stehen in der Verantwortung, den Nachwuchs auszubilden und ihr Kunsthandwerk zu fördern. Die Verdienstorden werden den Meistern zumeist erst gegen Ende ihres Lebens verliehen, wenn sie in ihrem jeweiligen Fachbereich eine herausragende Leistung erbracht haben. In der Gegenwart werden 116 Meister zu den Ningenkokuho gezählt. Bei der Ordensverleihung haben die neu erwählten Meister die Ehre, im Kaiserpalast bei Tee das Kaiserpaar begrüßen zu dürfen.

Vor der Ordensverleihung haben die Meister in der Regel bereits den Ritus der Namensübertragung (Shumei) gefeiert. Dabei handelt es sich um einen Empfangsritus des schöpferischen Geistes von den großen Ahnen des Familienberufs. Der Ritus der Namensübertragung wird bei allen Gewerben gefeiert, die sich als Gründer (Iemoto) einer Schule im Bereich Kunst etabliert haben: Noh-Theater, Kabuki, Teezeremonie (Sado), Kunst der Duftmischung (Kodo), Blumenarrangement (Kado), traditionelle japanische Küche usw. Ein Meister nennt sich nach dem Shumei wie seine Vorfahren in der Generationenfolge. Nach diesem Initiationsritus begreift sich der Meister und Künstler, der nun denselben *Vornamen* wie sein Vorgänger trägt, als neue Person und wird von anderen Menschen auch als solche angesehen. Am Tag der Zeremonie verkündet der Meister am buddhistischen Altar zu Hause vor seinen Vorfahren seine Namensübertragung und gewöhnlich auch vor allen Schutzgottheiten am shintoistischen Altar in seiner Werkstatt. Im Haustempel der Familie veranstaltet der neue Meister und Nachfolger unter Leitung eines buddhistischen Priesters eine Feier, zu der Verwandte, Freunde und Schüler aus demselben Gewerbe eingeladen werden. Dabei erinnert er an das Lebenswerk all seiner Vorfahren und bittet die bei der Feier Anwesenden um weitere Gunst und Unterstützung. Daraufhin wünscht die Festgemeinde dem Meister viel Glück und Erfolg, und alle feiern fröhlich. Auf diese

Weise, nämlich bereits zu Lebzeiten des Meisters, findet die Namensübertragung in Gewerben wie dem Kunsthandwerk statt, wenn der Meister seine Arbeit an den Nachwuchs übergibt. Der Porzellanhersteller Kakiemon hingegen, der seit über 400 Jahren besteht und das Meißener Porzellan beeinflusste, feiert die Zeremonie der Namensübertragung nach der Hausregel erst nach dem Tod des Meisters. Die Nachfolge, sei es ein Mann oder eine Frau, beantragt bei Gericht eine Namensänderung. Mit Genehmigung des Gerichtshofes lässt die Nachfolge den neuen Vornamen, also den Meisternamen, ins Familienregisterbuch der Einwohnermeldebehörde eintragen.

Sprachverhalten

Japaner verhalten sich im Allgemeinen, was ihre Sprache anbelangt, sehr besonnen. Einige Freunde aus Europa wundern sich darüber, dass ihnen Japaner nicht gleich mitteilen, wenn sie von einer Sache schon wissen. Europäer fühlen sich dann oft auf die Probe gestellt. Normalerweise haben Japaner aber nicht die Absicht, jemanden zu prüfen. Man erinnere sich an das Vermächtnis von Hojo Shigetoki: den Menschen gut zuzuhören, auch wenn man schon weiß, wovon jemand spricht. Auch in Japan gilt es als unhöflich, jemandem das Wort abzuschneiden. Wenn jemand redet, nimmt man an, dass es sich um etwas von Belang handeln müsse. Die betreffende Person kann vielleicht eine andere Sicht der Dinge darstellen oder ergänzende Informationen liefern. Darum hört man jedem grundsätzlich bis zu Ende zu. Darüber hinaus bekommt man, wenn man sich bei einem Japaner nach einer Sache erkundigt, oft keine definitive Antwort. Das sollte keineswegs als Distanzierung oder Ablehnung gedeutet werden. Es ist üblich, mit einer sehr vorsichtigen Formulierung zu antworten, auch wenn man sich dessen absolut sicher ist, wovon man spricht. In Japan wird sparsam mit Worten umgegangen, und das Wort gilt fast immer. Wenn jemand seinen Worten nicht Taten folgen lässt, wird er stillschweigend als nicht zuverlässig eingeschätzt. Auf einen Wortbruch hinzuweisen ist jedoch unhöflich, denn so ein Hinweis beschämt das Gegenüber. Wenn einer, sei es ein Japaner oder ein Europäer, seine Versprechen nicht einhält, gilt er als unzuverlässig. Auch wenn keine Anspielung darauf gemacht wird, heißt das nicht, dass das Verhalten so in Ordnung und akzeptiert ist. Wenn man ein Versprechen möglicherweise nicht einhalten kann, muss man dies rechtzeitig von sich aus ausführlich erklären und um Entschuldigung bitten. Das Sprachverhalten ist in Japan sehr streng und rigide. Ein unzuverlässiges sprachliches Gebaren wird traditionell mit Lügen gleichgesetzt, man denke an die fünf Kardinalgebote des Buddhismus: nicht töten, nicht stehlen, keine Unzucht treiben, keine lockere Rede führen, nicht maßlos trinken.

Welche Laster und Sünden auf der Sündenskala der Japaner als besonders verwerflich bewertet werden, lässt sich auch an den Elementen der Hölle in der buddhistischen Lehre ablesen. Einzelheiten zum Höllen- und Paradiesbild finden sich in meinem letzten Buch *Leben und Glauben in Japan* (Iwamura, 2006, S. 73). Hier nur ein kurzer Einblick: Die Hölle der Flammen und Gluten besteht aus acht Ebenen, von denen jede einen eigenen Namen hat. Je tiefer die Ebene, umso schwerer die Sünde und umso härter die Strafe. In die erste Ebene der Hölle werden die Mörder, Schlachter und Fischer, die Lebewesen berufsmässig umbringen, eingekerkert. Das Lügen ist seit eh und je eine Sünde, die schwerer wiegt als Mord. Deshalb kommen die Lügner in die fünfte Hölle, die tiefer liegt und härter ist als die erste Hölle. Den Lügnern werden ihre Zungen ausgerissen und ihnen wird der Mund mit einer heißen Nadel zugenäht. Außerdem gibt es viele Sinnsprüche, die vor Lügen mahnen. Vor den Höllen der buddhistischen Lehre ist aufgeklärten Menschen unserer Zeit nicht bange. Viel mehr zu fürchten ist die Hölle der gesellschaftlichen Sanktionen. Unzählige Politiker mussten infolge ihrer lockeren Rede ihren Posten und ihre Ämter aufgeben.

Pünktlichkeit

Eine gute Beziehung wird normalerweise über Generationen hinweg gepflegt. Langzeitperspektive, Rücksicht und Toleranz sind grundlegende Werte der Gesellschaft. Andererseits gibt es sehr strenge Regeln bezüglich der Pünktlichkeit bei allen Terminen. Eine Verspätung gilt im öffentlichen Leben schlichtweg als Desaster, denn ein vereinbarter Termin ist ein Versprechen. Für Verspätungen aufgrund eines Staus oder die Verzögerung eines anberaumten Besprechungstermins zeigt man wenig Verständnis, denn so etwas hätte einkalkuliert werden müssen. Die Bahngesellschaften stellen bei einer Zugverspätung allen Fahrgästen eine Bescheinigung (Chien-shomei) aus, damit sie ihr Zuspätkommen in der Schule und am Arbeitsplatz begründen können. Wenn jemand zum Beispiel zu einem Termin ohne eigenes Verschulden verspätet eintrifft, muss er sich erklären und um Entschuldigung bitten. Geschäftsleute, Personen der Öffentlichkeit, große Filmstars, Repräsentanten aus Wirtschaft und Industrie erscheinen in Japan zu einem Termin selbstverständlich pünktlich, denn der gesellschaftliche Druck in Sachen Pünktlichkeit ist enorm. Unpünktlichkeit ist ein Zeichen von Unzuverlässigkeit, und die Sanktionen gegen Unzuverlässigkeit sind ebenfalls rigoros. Je länger die Versorgungskette eines an einen Liefertermin gebundenen Produktes ist, desto rigoroser wird beispielsweise der Druck bezüglich der Pünktlichkeit auf alle beteiligten Lieferanten und Sublieferanten. Die in Japan wohnhaften Deutschen wundern sich auch darüber, dass viele Japaner schon eine halbe Stunde vor dem vereinbarten Termin vor Ort sind. Pünktlichkeit ist für die meisten Japaner ein selbst auferlegter Zwang, deshalb erscheinen sie frühzeitig zu einem Termin.

Auch im öffentlichen Verkehr haben für die privaten Bahngesellschaften Pünktlichkeit und Sicherheit der Fahrgäste Priorität. Im Alltag hält man die Pünktlichkeit der Züge für selbstverständlich. Jeder weiß nur zu gut, was für verheerende Folgen eine Verspätung der öffentlichen Verkehrsmittel hat. Ohne Disziplin des Einzelnen funktioniert das öffentliche Leben nicht, vor allem nicht im Großraum Tokyo mit 30 Millionen Einwohnern. Aus Rücksicht auf einen reibungslosen Ablauf des Verkehrs führt man bei einer Zugreise außer Handgepäck keine großen Koffer mit sich. Großes Gepäck und Koffer für eine Auslandsreise werden gewöhnlich durch einen Gepäckdienst zum Flughafen vorausgeschickt. Dort werden die Koffer abgeholt und direkt am Check-in-Schalter abgegeben. Auch die Bahngesellschaften geben ihrerseits ihr Bestes, um für die Sicherheit der Fahrgäste zu sorgen. Im Fernverkehr fahren die Hochgeschwindigkeitszüge, Shinkansen genannt, fast alle zehn Minuten von Tokyo aus in alle Richtungen. Seit der Inbetriebnahme 1964 verkehren die Shinkansen-Züge im Durchschnitt mit einer Unpünktlichkeit bei der Ankunft von sechs *Sekunden*. Als am 11. März 2011 die Regionen im Nordosten Japans von einem Erdbeben der Stärke 9 auf der Richterskala heimgesucht wurden, waren 27 Shinkansen-Züge im weiteren Umfeld des Katastrophengebietes unterwegs. Kein einziger Zug ist entgleist, da sich das Frühwarnsystem der Bahngesellschaft um 14:46 Uhr rechtzeitig einschaltete.

Umgang mit den Kunden

Beim Betreten eines Geschäfts wird man in Japan immer mit „Irasshaimase" (das heißt „herzlich willkommen") begrüßt, unabhängig davon, ob man nur ins Geschäft gekommen ist, um sich umzuschauen, oder ob man tatsächlich etwas einkaufen will. Der erste Kundenkontakt ist der freundliche Gruß, der signalisiert, dass der Verkäufer jederzeit bereit ist, den Kunden zu bedienen. In einem Geschäft fühlt man sich wohl, wenn man vom Verkäufer weder verfolgt noch vernachlässigt wird. Deshalb bleibt der Verkäufer in einem angenehmen Abstand zum Kunden, ist aber jeder Zeit ansprechbar. Es ist in Japan sehr selten, dass man sich in einem Geschäft schlecht bedient oder unhöflich behandelt fühlt. Man sagt, der Kunde sei eine Gottheit („Okyaku-sama wa kami-sama"). Das ist eine aus Erfahrungen gewonnene Weisheit. Wenn ein Geschäft seine Kunden mit Ehrlichkeit und Herzlichkeit bedient, bescheren sie ihm, wie die segnenden Gottheiten, guten Umsatz. Wenn ein Geschäft seine Kundschaft aber schlecht behandelt oder sogar betrügt, so wird es bald schließen müssen. Auch eine alte Volkserzählung aus dem Taoistischen Glauben, die von der Glück bringenden Gottheit (Marebito) handelt, ist Anreiz zu einem freundlichen Umgang. In der Tat: Wie preiswert die Waren auch sein mögen, die Japaner kaufen nicht in einem Laden, in dem sie nicht richtig beraten und nicht freundlich bedient werden. Sie gehen lieber in ein Geschäft, in dem die Waren etwas teurer sind, aber die Bedienung höflich und sorgfältig ist. Der Preis allein ist nicht ausschlaggebend für die Kaufentscheidung.

Das war schon vor gut drei Jahrhunderten so, wie an den Wahlsprüchen eines Schreibwarenhandels abzulesen ist, der seit 1638 in der Stadt Morioka (Nordostjapan) besteht. In diesen Wahlsprüchen wird der freundliche Umgang mit den

Kunden in den Vordergrund gestellt: „Den Kunden aufrichtig und herzlich bedienen und immer die Qualitätswaren preiswert anbieten." Der Gründervater dieses Geschäfts, Ikeno Tobe, wurde in Kyoto geboren. Er lernte im Zen-Tempel Nanzenji einen Zen-Priester kennen, den er als seinen Meister und Lehrer fürs Leben verehrte. Dieser Zen-Priester wurde aber in einen schwerwiegenden außenpolitischen Skandal, eine Dokumentenfälschung, verwickelt und so vom Shogunat nach Nordostjapan in die Verbannung geschickt. Sobald Ikeno von der Verbannung seines Meisters erfuhr, gab er seine Arbeit in einer Münzprägungsstätte auf und folgte ihm nach Nordostjapan. Die Gegend war damals von einer Reihe Naturkatastrophen heimgesucht worden. Die Menschen litten schlimmsten Hunger, da es ihnen an Lebensmitteln mangelte. Auf Empfehlung seines Meisters eröffnete Ikeno einen Handel (Kizuya), um die Einwohner mit dringend notwendigen Lebensmitteln und Haushaltsgeräten zu versorgen. Der Zen-Priester gab ihm fünf Handlungsmaximen als Geschäftsmoral mit auf den Weg, die seitdem als Hausgesetz beherzigt werden:

1. barmherziges Handeln,
2. Aufrichtigkeit,
3. Nutzen – sowohl für die Käufer als auch für den Verkäufer –,
4. Gleichbehandlung der Kunden ohne Unterschied von arm und reich,
5. Achtung des Gesetzes.

Vor allem die Regel, die den Nutzen und Gewinn betrifft, ist von großer Bedeutung. In Japan ist die Ansicht seit alters weit verbreitet, dass Handel eine Dienstleistung zum Gemeinwohl ist. Die kaufmännischen Tätigkeiten Einkauf und Verkauf sollten immer zum beiderseitigen Nutzen und Gewinn erfolgen.

Geschäftsverbindungen über Jahrhunderte

Waren als Fertigprodukte aus dem Supermarkt zu kaufen, verbreitete sich erst nach dem Zweiten Weltkrieg. Seit dieser Zeit werden die Waren bereits in der Fabrik für den Endverbraucher hergestellt. Damit verwandelten sich die meisten Einzelhandelsunternehmen in bloße Abnehmer des Großhandels, die meisten für den Einzelhandel tätigen Handwerker in Industriearbeiter; zahlreiche Handwerksbetriebe wurden Zulieferer der Industrie. Bis zu diesen tiefgreifenden Veränderungen musste zum Beispiel ein Reiseinzelhandel immer im Geschäft die Reiskörner eigenhändig mit der Dreschmaschine dreschen. Die fein geputzten Reiskörner wurden dann in die Reissäcke verpackt und auf das Verkaufsregal gestellt. Ebenso kaufte der Schreibwarenhandel (Kamiya genannt) das Japan-Papier aus verschiedenen Regionen ein und schnitt es im Geschäft in diverse Formate und band es zu Heften. Hier waren Innovation und Variation des Designs gefragt. Die traditionellen Apotheken bezogen ihrerseits verschiedene Heilkräuter vom Großhandel und dosierten dann nach hauseigenen Rezepten die Kräutermischungen im Geschäft. Eben diese Dosierung war das größte Erfolgsgeheimnis der einzelnen Apotheken. Selbst der Fischhandel kaufte frische Fische am Hafen ein und putzte und filetierte sie in seiner Ladenküche. Noch in der Gegenwart liefert ein kleiner Fischhandel auf dem Dorf den einzelnen Kunden individuelle Fischgerichte aller Art nach Hause.

In der letzten Stufe des Warenumlaufs werden die Produkte immer kundengerecht verarbeitet. In diesen finalen Verarbeitungsschritt wurden gewöhnlich verschiedene Handwerker mit einbezogen. Sie arbeiteten von Anbeginn eng mit dem Einzelhandel zusammen. Vor allem diejenigen

Handwerker, die überwiegend im Auftrag eines Kaufmannsbetriebs tätig waren, wurden genauso wie die Filialen als Angehörige des Betriebs behandelt. Vom Kaufmannsbetrieb erhielten sie Tuch und Stoffe für ihre Arbeitskleidung und finanzielle Unterstützung in Zeiten der Hungersnöte oder zum Wiederaufbau nach einer Naturkatastrophe. Sie wurden bei allen feierlichen Anlässen des Betriebs eingeladen. Diese Traditionen und Gepflogenheiten leben in den traditionellen Handwerksgewerben fort, wie etwa im Tempelbau, bei den Töpfern, im Kunsthandwerk für die Teezeremonie und in Sake-Brauereien. Hier besteht nach wie vor eine über Generationen hinaus gepflegte enge Verbindung zwischen Mutterbetrieb, Zulieferern und Handwerkern.

Geheime Wohltätigkeit

In der Umgebung der Kaiserstadt gab es zahlreiche Kaufleute, die anfangs Wanderhändler waren und im 18. Jahrhundert zu führenden Kaufmannsgruppen aufstiegen. Die Handelsmaximen dieser Kaufleute (Omishonin genannt) gründeten auf folgenden Tugenden: Fleiß, Ausdauer, Geduld, Sparsamkeit, Lauterkeit, Toleranz, Maß-Halten und Genügsamkeit. Das höchste Ziel ihrer Handelstätigkeit lag im sozial-karitativen Bereich.

Die Wahlsprüche eines Kaufmannshauses legen zum Beispiel fünf Handlungsmaximen fest: 1. Man muss fleißig arbeiten, 2. sich nach bestem Wissen und Gewissen dem Tagesgeschäft widmen, 3. Wohltätigkeit immer anonym umsetzen, 4. weder hochmütig noch geizig werden, 5. niemals mit materiellen oder immateriellen Gütern, seien es Materialien oder auch Zeit, verschwenderisch umgehen. Fast alle Handelsbetriebe um Kyoto haben diese Tugenden

4 Religiöse Wurzeln der japanischen Werte 165

im Großen und Ganzen in ihrem Hausgesetz festgeschrieben. Sie unterstreichen vor allem ausdrücklich die anonyme Wohltätigkeit. Einen beträchtlichen Teil ihrer Gewinne spendeten die Kaufleute diskret für das Gemeinwohl. Dieses Gebaren der alteingesessenen Kaufleute blieb über Jahrhunderte hinaus unverändert. Sie scheuten davor zurück, als Wohltäter bekannt zu werden. Ihre Lebensführung zeichnete sich durch Sparsamkeit und Bescheidenheit aus. Heute wie früher wohnen sie nicht in großen Anwesen und fahren keine teuren Autos. Traditionell gab es in Japan keine öffentlich organisierten sozial-karitativen Werke, wohltätige Werke Einzelner wurden immer anonym getätigt. Als großer Wohltäter bekannt zu werden, gilt sowohl bei führenden Unternehmern als auch bei einfachen Bürgern als unfein. Der im vorangegangenen Kapitel erwähnte Schreibwarenhandel (Kizuya) in Nordostjapan baute Mitte des 18. Jahrhunderts ein betriebseigenes Hilfswerk auf, um Hungernöte bei Naturkatastrophen zu lindern. Diese Tradition ist heute noch in zahlreichen Kaufmannsfamilien lebendig. Als im März 2011 Erdbeben, Tsunami und die Reaktorkatastrophe die Region in Nordostjapan verwüsteten, brachte ein älterer Handelsbetrieb, Fujisaki (gegründet 1819) in der Stadt Sendai, der selbst schwer beschädigt wurde, alle Lebensmittel aus seinen Kaufhäusern unverzüglich zu den Notunterkünften und verteilte sie kostenlos. Der Vorstand, Fujisaki Saburosuke der siebten Generation, handelte damit nach dem alten Wahlspruch des Hauses: „dem Wohl der Gemeinde dienen". Auch die großen Unternehmer unserer Zeit pflegen die Tugend der Bescheidenheit. Dieses kulturelle Selbstverständnis prägt auch die global handelnden Großunternehmen nachhaltig. Seit den Katastrophen im Jahr 2011 spendeten sehr viele Unternehmen Abermillionen, sie gaben jedoch die Spendensumme niemals selbst in der Öffentlichkeit bekannt. In Anwesenheit der Betroffenen brüstet sich kein Großspender seiner Spendenleistung und der aufgewandten Summe, auch nicht, wenn er seine Solidarität und Verbundenheit mit den Betroffenen zum Ausdruck bringen will. Denn so eine prahlerische Haltung erniedrigt die Betroffenen zu Almosenempfängern.

Geist der Teezeremonie

Der Zen-Priester Eisai (1141–1215) brachte aus China den grünen Tee mit nach Japan. Dieser kostbare Tee wurde damals als Medizin nur dem Hochadel verabreicht und im Lauf der Geschichte zum beliebtesten Getränk der Japaner. Der Brauch, gemeinsam Tee zu trinken, geht schon auf das 13. Jahrhundert zurück. Unter den Zen-Priestern in Japan gab es überragende Künstler in den Bereichen Dichtung und Tuschezeichnung. Seit jener Zeit übten Zen und Teezeremonie einen großen Einfluss auf die Lebensführung und Geisteshaltung des Samurai-Standes aus. In den folgenden Jahrhunderten traten die ersten großen Teemeister auf. Sen-no Rikyu (1521–91) ist einer der berühmtesten Meister der Teezeremonie. Er war Teelehrer für den Reichsverweser Toyotomi Hideyoshi und hatte die Ästhetik und Gestaltung der Teezeremonie vollendet.

In den feudalen Zeiten wurde bei allen Feudalherren eine gute Bildung auf dem Gebiet der Teezeremonie vorausgesetzt. Es gehörte zur Allgemeinbildung eines Großfeldherrn (Daimyo), die Teekunde zu erlernen und selbst den Gästen Tee in vollendeter Form servieren zu können. Zum Tee begegneten sich schon immer Gastgeber und Gäste frei von Standesdünkeln. Deshalb waren *nur* bei der Teezeremonie alle Standes- und Rangunterschiede aufgehoben: Ein wohlhabender Kaufmann durfte einen Daimyo zu einem Tee in seine Teekammer einladen, und ein Daimyo konnte auch seinen Gärtner zum Tee bitten. Beim Tee unterhielten sie sich dann frei über Steingarten, Gartenästhetik und Naturanschauung. Die Teezeremonie in Japan war die Quelle der höflichen Umgangsform ohne Standesschranken. Der Sinn einer Teezeremonie war ursprünglich das einfache gemeinsame Teetrinken in sehr vertrauter Atmosphäre. Gemeinsam einen Tee zu trinken, ist auch eine große Ehre und ein Zeichen der Vertrautheit. Der Gastgeber bereitet den Tee immer selbst vor den Augen der Gäste zu und bietet ihn ihnen höflich an. Obwohl der Ablauf einer Teezeremonie in der Geschichte immer wieder formalisiert wurde, bleibt der Geist der Teezeremonie unverändert: feine Gastlichkeit. Es ist schön, wenn die Bewegungen in der Teezeremonie natürlich wirken. Sie sollen in keiner Weise gezwungen oder überflüssig und nicht einmal symbolhaft erscheinen. Vielmehr trachtet der Gastgeber danach, den Tee in vollendeter Form zuzubereiten und darzureichen. Die geladenen Gäste auf einer authentischen Teezeremonie müssen die Herzlichkeit und Ästhetik des Gastgebers einzuschätzen wissen, angefangen vom gepflegten Pfad zum Teepavillon bis hin zu allen Utensilien bei der Teezeremonie, die immer nach Jahreszeit und Thema abgestimmt dargeboten werden. Darum werden bei den Gästen gute Kenntnisse in Kunst und Geschichte vorausgesetzt, um in den Gesprächen bei der Teezeremonie das Niveau halten zu können. Es gilt jedoch als ungehörig, dabei all sein Wissen auszubreiten, eine feine Geste zur Würdigung der perfekten Gastlichkeit genügt. Der höchste Sinn einer Teezeremonie ist das Gebot der Harmonie. Darum werden die Ansichten der geladenen Gäste zu Kunst und Ästhetik prinzipiell nicht „diskutiert".

Im 19. Jahrhundert strebten auch zahlreiche Großunternehmer danach, eine Lehre in Teekunde zu absolvieren und

Abb. 4.1 Teepavillion „Joan", erbaut 1618, Nationalschatz

einen Teepavillon (siehe Abb. 4.1) im eigenen Garten zu errichten. Dorthin konnten die führenden Unternehmer wichtige Persönlichkeiten aus Politik und Wirtschaft einladen und enge Kontakte pflegen. Da der Gastgeber selbst den Tee für seinen Gast stilvoll zubereiten konnte, war keine dritte Person, wie etwa ein Teemeister oder eine Bedienung, nötig. Oft wurden in diesem engen Kreis sehr vertrauliche Anliegen besprochen. Nach dem Zweiten Weltkrieg verbreitete und verallgemeinerte sich die Teezeremonie, so dass nun zumeist Frauen im Freundeskreis in einer feierlichen Atmosphäre eine Teezeremonie feiern.

Verbindungen der Kunsthandwerker

In der Gegenwart gibt es in Japan acht altehrwürdige Schulen für Teezeremonie. Die Familien der acht Schulen pflegen seit alters eine über Jahrhunderte bestehende geschäftliche Verbindung mit Kunsthandwerksgewerben. Als Beispiel seien die Kunsthandwerker für Teezeremonie näher betrachtet.

Der legendäre Meister der Teezeremonie Sen-no Rikyu wurde als Sohn eines Großhandels für Fische und Meeresfrüchte in Osaka geboren. Sein Name steht für eine essentielle und minimalistische Ästhetik bei der Teezeremonie. Mit einer Schüssel Tee bediente er persönlich den Shogun und Großfeldherren seiner Zeit in einer knapp vier Quadratmeter großen Kammer schlichten Stils. Ab dem 16. Jahrhundert verzweigte sich die Familie Sen in drei Schulrichtungen (Omotesenke, Urasenke, Mushanokoji). Die drei Teeschulen bilden jährlich mehr als 10.000 Schüler aus, die Nachfrage nach Kunsthandwerk für die Teezeremonie blieb so über Jahrhunderte hinweg konstant und zahlreiche Gewerbe entstanden. Die drei Tee-Schulen beziehen jeweils von denselben Werkstätten ihre Utensilien und pflegen mit den Handwerkerfamilien eine seit *vier* Jahrhunderten währende Verbindung. Bei der Zeremonie werden zahlreiche Gebrauchsgegenstände und Geräte benutzt: Teeschale, -kessel, -krug, -dose, Wasserkelle aus Bambus, Tafelgeschirr aus Lackwaren und Porzellan, Blumenvase, Rollbilder, Teevitrine, Seidenetui für die Teedose, Holzkohle, Besen, Sandalen usw. Die Kunsthandwerksbetriebe, die die Utensilien für die Teezeremonie herstellen, werden Senkejisshoku genannt. Das heißt wörtlich übersetzt „die zehn Kunsthandwerksbetriebe für die Geräte und Gegenstände bei der Teezeremonie im Hause Sen". Seit dem 16. Jahrhundert liefern sie den drei Familien Sen diverses Zubehör, das nach Ästhetik und Geschmack des Teemeisters der jeweiligen Schulrichtung angefertigt wird. Bei der Herstellung dieser Utensilien werden erlesene Materialien verwendet: Bambus, Ton, Holz, Lack, Metall, Japan-Papier, Seide usw. Eine Teeschale, in der bei der Teezeremonie der Tee serviert wird, hat meist einen poetischen Namen wie etwa „Morgenröte". Einige Teeschalen der Familie Sen stehen unter Denkmalschutz. Die kostbaren Schalen und Utensilien für die Teezeremonie, die die geladenen Gäste in die Hand nehmen, sind Kunst- und Gebrauchsgegenstände in einem und von unbezahlbarem Wert. Auch die Geschäftsverbindung zwischen dem Töpferbetrieb (Familie Raku) und der Teeschule, Familie Sen, besteht seit über vier Jahrhunderten. Eine Teeschale, die der Töpfermeister Raku Chojiro vor vier Jahrhunderten herstellte, heißt Kurorakujawan und zählt zu den wichtigsten Kulturgütern Japans. Die Schale ist pechschwarz, darum der Name: Kuro (schwarz) -raku (Familienname des Töpfers) -jawan (Teeschale). Der Nachkomme Rakus leitet diese Werkstatt gegenwärtig in der 15. Familiengeneration. Erwähnt der 16. Teemeister Sen in einem Gespräch mit dem 15. Töpfermeister Raku zum Beispiel eine Schale, die vom Ururgroßvater des Töpfers hergestellt wurde, dann weiß der derzeitige Töpfermeister genau, um welche Schale es sich handelt.

Die ehemalige Einwandererfamilie Hirai zählt zu den besten Meisterwerkstätten für Geräte aus Bambus und pflegt mit der Familie Sen seit Jahrhunderten eine enge geschäftliche Beziehung. Der Vorfahr der Familie Hirai stammte vom chinesischen Kontinent und flüchtete im Mittelalter wegen eines Krieges nach Japan. Die künftige Nachfolgerin der Werkstatt Hirai ist eine Tochter des 15. Meisters Hirai Ikkan. Für ihre Gebrauchs- und Kunstgegenstände aus Bambus ist auch die Familie Kuroda bekannt. Ein Vorfahr dieser Familie war ein Samurai, der mit seinem Feldherrn im Jahr 1600 ins Schlachtfeld Sekigahara zog. Sein Feldherr wurde besiegt, und der Sieger, Shogun Tokugawa-Ieyasu, enteignete nach diesem Krieg mehr als 100 Feldherren. Der herrenlose Samurai Kuroda wurde deshalb zum Handwerker und erlernte das Herstellen von Geräten aus Bambus. Der gegenwärtige Meister, Kuroda Shogen, ist die 13. Generation, er studierte Literaturwissenschaft an einer Universität in Tokyo. Nach dem Studium machte er eine Lehre bei seinem Vater und Meister. Auch die Werkstatt Kuroda liefert den drei Teeschulen Wasserkellen aus Bambus. Die nächste Nachfolge dieser Werkstatt ist ebenfalls eine Tochter des Meisters.

Familie Okumura, eine Werkstatt für das Aufziehen der Rollbilder, für Kalligraphie und Wandschirme, unterhält mit den Teeschulen seit Jahrhunderten gute Verbindungen. Der Gründer dieser Werkstatt war ebenfalls ein Samurai im 17. Jahrhundert. Er ging 1646 in die Lehre bei Verwandten seiner mütterlichen Linie. Der derzeitiger Meister ist die zwölfte Generation.

Die zehn Werkstätten (Senkejisshoku) für die Teezeremonie pflegen nicht nur geschäftlich enge Verbindung mit den Gründerfamilien der Teeschulen, sondern auch privat. Es ist ein alter Brauch, dass die Nachfolger dieser Werkstätten Dienstjahre in den Familien der Teeschulen verbringen. Dabei lernen sie Charakter und Schönheitsempfinden des Teemeisters aus unmittelbarer Nähe kennen, ebenso alle Kammern und Winkel im Haus sowie das Tagesgeschäft und die Feiern im Jahresverlauf. Nach diesen Dienstjahren zelebriert der Handwerksmeister den Ritus der Namensübertragung. Erst nach dieser Zeremonie betrachtet sich der Meister im Kunsthandwerk als vollwertigen Nachfolger. Die zehn Kunsthandwerksstätten leben ausschließlich vom Einkommen ihres Hausberufs, es versteht sich daher, dass die Gebrauchsgegenstände der Teezeremonie sehr teuer sind.

Außerdem pflegen auch zahlreiche Restaurants, die für die traditionelle japanische Küche stehen (siehe Abb. 4.2), mit den Gründerfamilien der Teeschulen über Jahrhunderte

Abb. 4.2 Restaurant „Hyote", über 450 Jahre alter Familienbetrieb in Kyoto

hinaus enge Beziehungen. Sie liefern feine Kost für die ordentliche Teezeremonie.

Klagen des Heiligen Xavier über die Japaner

Der Heilige Franz Xavier (1506–52), der dem Jesuitenorden angehörte und in der katholischen Kirche als Schutzheiliger für Japan kanonisiert ist, verbrachte knapp zweieinhalb Jahre in Japan. Während seines Aufenthalts brachte er seine Eindrücke von Land und Leuten sowie die Schwierigkeiten der Missionsarbeit in mehr als 100 Briefen zu Papier und schickte diese zum Ordensprovinzial nach Indien. Darin berichtete er über die Japaner überaus positiv und lobte die liebenswürdigen Tugenden der einfachen Menschen sehr: freundlich, höflich, reinlich, gesellig, hilfsbereit, aufgeschlossen gegenüber Fremden usw. seien sie. Aber zwei Fragen könnten und wollten die Japaner einfach nicht verstehen, klagte er: Erstens, dass der Gott des Christentums der einzige und absolute ist, zweitens, dass nur ein Christ, der getauft und gesalbt ist, beim Jüngsten Gericht gerettet und erlöst wird. Diese Fragen sind tragende Säulen der christlichen Lehre, mit der sich die Menschen in Japan jedoch schwertaten. Warum diese christliche Weltanschauung bei den Japanern auf Unverständnisse stieß, liegt auf der Hand: Sie haben eine andere Weltanschauung. Vor allem konnten und können sich die meisten Menschen in Japan nicht vorstellen, dass ein christlicher Gläubiger als Einzelperson beim Jüngsten Gericht gerettet wird und ins Paradies kommt. Für Japaner ist es unbegreiflich, dass nur der Getaufte ins Paradies kommt und dessen ungetauften Familienangehörigen allesamt in die Hölle. Wüsste ein japanischer Christ der Gegenwart all seine Familienangehörigen, engsten Freunde und Vertrauten im Fegefeuer der Hölle leiden, würde er im Paradies sicher keinen Seelenfrieden finden. Er würde lieber sündigen, um mit all seinen Liebsten wieder in der Hölle zusammen zu sein. Im Gegensatz zu Buddhismus, Christentum und Islam gibt es in der Weltanschauung des Shintoismus weder Paradies noch Hölle. In der uralten Vorstellung des Shintoismus ist das Jenseits, das Anoyo heißt, weder Paradies noch Hölle. Vor der Aufnahme ins Jenseits findet kein Jüngstes Gericht statt. Fast alle Menschenseelen werden unabhängig von ihren Sünden und Tugenden in das Jenseits aufgenommen. Im Jenseits lebt die Seele des Menschen jedoch nicht für immer. Sie wird im Diesseits wiedergeboren und zwar als Kind in die Familie ihrer Nachkommen. Das Kind wird in der alten Vorstellung der Japaner als Wiedergeburt der Seele eines Vorfahren verstanden. Dies bezeugt die heute noch sehr verbreite Ansicht, dass ein Kind den Eltern vom Himmel anvertraut ist: Wenn sich ein Ehepaar im Diesseits ein Kind wünscht, dann beraten die Seelen der Vorfahren im Jenseits darüber, wer von ihnen wiedergeboren werden soll. Wenn sie sich entschieden haben, wird die Seele im Mutterleib empfangen. Das Leben beginnt mit der Empfängnis. Die Identität eines Menschen bestimmt sich in Japan traditionell über die persönlichen Bindungen in Familie, Arbeitsgemeinschaft oder innerhalb menschlicher Gemeinschaften. Den Prozess der Befreiung der Persönlichkeit, der die abendländische Welt während der gesamten Periode der Neuzeit prägte, hat die japanische Gesellschaft offensichtlich nicht vollzogen. (Küng 1994, S. 21–118).

Die Natur als Objekt der Beobachtung und Messung zu betrachten, auch diese Haltung ist in Japan seit alters bekannt. In der traditionellen Naturforschung war es jedoch nicht angelegt, göttliche Gesetze aus der Natur abzuleiten. Im Altertum beschäftigte sich das Wetter- und Kalenderamt mit den kosmologischen Veränderungen, um die richtige Zeit für den Reisanbau herauszufinden. Dasselbe gilt für die Kontroverse zwischen Wissenschaft und Religion: Einen Streit wie den zwischen Faust und Mephisto hat es in der traditionellen japanischen Philosophie nicht gegeben. In den Augen der Europäer mag Japan als ein Land ohne Metaphysik westlicher Tradition erscheinen. Das stört die Japaner jedoch bis in unsere Zeit hinein zumeist nicht. Seit jeher ist man der Ansicht, dass man die nicht zu ergründenden Fragen zu metaphysischen Belangen auf sich beruhen lassen sollte. Die gegebene physikalische Wirklichkeit, in der man lebt und arbeitet, hat fast immer Vorrang vor der Metaphysik.

In Bezug auf das religiöse Bewusstsein und die Konfessionszugehörigkeit führte das Shinto-Hauptamt jüngst eine

Umfrage durch: 49,5 % der Befragten bekennen sich zu *keinem* bestimmten Glauben, 38,7 % zu buddhistischen Schulen, 3,8 % zu shintoistischen Schulen. Obwohl der individuelle Bezug auf *einen* Gott fast völlig fehlt und jeder Zweite ohne Glauben ist, sind die meisten Menschen in Japan keineswegs ungläubig: Sie besuchen jeden Morgen auf dem Weg zur Arbeit oder zur Schule einen Schrein in ihrer Umgebung und beten für einen guten und friedlichen Tag. Im Alltag leben sie das Gebet und den Glauben gewöhnlich als überlieferten Brauch. Wenn die Japaner nicht ungläubig sind – woran glauben sie dann?

Naturreligion

Die Landschaften Japans sind vielfältig und reizvoll. Das Land ist zu 30 % eben, der Rest ist gebirgig. Japan ist seit eh und je ein Land von unzählig vielen Gottheiten. Die Religiosität der Menschen richtete sich nach den im Lebensraum gegebenen Naturlandschaften: Berge, Inseln, Felsen, Seen, Flüsse, Teiche und Wasserquellen. Diese natürlichen Gegebenheiten wurden zu Kultstätten. Man glaubte, dass an numinosen Orten magische Kräfte wirkten. Es gibt viele hohe Berge und dichte Wälder. Auf der Hauptinsel ragen eine Reihe Gebirge über 3000 Meter hoch. Und es gibt über 60 aktive Vulkangebirge. Der Fujisan war schon immer ein heiliger Berg. Aber nicht nur der Fujisan, auch zahlreiche andere Berge sind im Glauben der Japaner seit eh und je heilige Stätten. Hohe Berge, wie etwa Hakusan und Tateyama, wurden verehrt in dem Glauben, dass in einem verborgenen Ort auf dem Berg die Berggottheiten wohnen. Daher wurde am Fuß eines Berges immer ein Tor (Torii) mit Strohkordeln als Zeichen einer heiligen Stätte errichtet. Seit frühen Zeiten gab es eine klare Trennung zwischen den

Bergen der Gottheiten und denjenigen der Menschen im unmittelbaren Lebensraum. Keines der Lebewesen in den Urwäldern der heiligen Berge sollte angetastet werden. Wenn die Bäume aufgrund der Witterung umkippten, wurden sie so belassen, damit sie sich wieder in Erde verwandeln konnten. So wurden die unantastbaren Urwälder der heiligen Berge bewahrt. Keine Tier- und Pflanzenarten in den heiligen Urwäldern durften verletzt werden. Rehe, Füchse, Bären und Schlangen wurden im Volksglauben als Boten der Berggottheiten angesehen. Auch wenn die Tiere nachts vom heiligen Berg ins Dorf kamen und die bestellten Felder verwüsteten, durfte man sie grundsätzlich weder fangen noch töten, das gilt bis heute. Die Bewohner können sich höchstens mit hohen Zäunen gegen die Tiere schützen. Dagegen durfte man in den „profanen" Bergen und Wäldern Bäume zum Brennholz fällen und auch Nutzpflanzen anpflanzen, Wildschweine ohne Weiteres jagen und Haustiere weiden lassen. Doch jedes Mal, wenn sie Bäume fällen, feiern die Bauern eine Zeremonie im Wald. Vor den Bäumen wird ein Altar aufgestellt, und sie bekunden den Berggottheiten Dank für die Fülle des Natursegens und bitten um Sicherheit bei der Waldarbeit.

Traditionell wurde ein Dorfschrein am Fuß eines heiligen Berges oder am Waldrand errichtet, so dass er von Bäumen umgeben war. Außerdem steht hier und da ein Schrein auch inmitten von Reisfeldern, der immer von einem dichten Hain umgeben ist. Aufgrund der Erschließung der Felder und der Verstädterung wurden die Waldflächen zum großen Teil vernichtet, aber der Schrein und die Bäume blieben unangetastet. Man glaubte seit alters, dass die Seelen der Vorfahren nach dem Tod in den Berg hineingehen. Der Volksglaube ging davon aus, dass die vom Leib getrennte Seele eines Toten für eine gewisse Zeit noch im Diesseits verweilt und den Hinterbliebenen Unglück bringt. Vor allem die Seelen der kürzlich Verstorbenen gel-

4 Religiöse Wurzeln der japanischen Werte

ten als tobend und rachsüchtig. Aber wenn sie in den ersten drei Jahren mit Kulten und Gedenkfeiern gebührend verehrt werden, wandeln sie sich in segnende und schützende Gottheiten, die den Hinterbliebenen dann Segen bringen. Im Frühling kommen die Seelen der Vorfahren zu den Reisfeldern zurück, um das Saatgut mit Lebenskraft zu segnen. Die Gottheiten von Reiskultur, Boden, Bergen oder Wasser sind Seelen der vor vielen Generationen verstorbenen Vorfahren. Bei Dorffesten und Übergangsriten sind sie präsent und schenken den Nachkommen Segen und Schutz. Ins Jenseits gehen nicht nur die Seelen der Menschen ein, sondern die Seelen aller Lebewesen, die der Tiere wie der Pflanzen, denn auch die Seelen der belebten Natur werden wiedergeboren. So finden sich die Lebewesen im unendlichen Kreislauf von Tod und Wiedergeburten wieder. Das Leben des Menschen ist ein Teil der großen Natur und von vielen anderen Lebewesen abhängig. Darum sollen auch für die Seelen der belebten Natur, die zum Erhalt des Menschenlebens aufgeopfert wurden, ehrfürchtig Gedenkfeiern gehalten werden. Diese Anschauung lebt in Gedenkfeiern für Bäume, Walfische, Kugelfische und auch für Spürhunde der Polizei fort. Die Schutzgottheiten, die von den Bauern verehrt werden, verweilen entweder im Dorfschrein oder in der heiligen Stätte in den Bergen. Die von den Fischern verehrten Gottheiten befinden sich in Seen oder im Meer. Volkserzählungen, Sinnsprüche und Weisheitsaphorismen ermahnen die Menschen zur richtigen Umgangsart mit der Natur. Seit alters glaubte man, dass sich sogar die wütenden Gottheiten in der Natur in gute, segnende verwandeln, wenn die Menschen mit der Natur achtsam umgehen. In den 60er-Jahren hatte man im Rausch des Wirtschaftsaufschwungs überall Wälder vernichtet, Böden, Flüsse und die Luft vergiftet. Jahrzehntelang waren die schwersten Folgen der von Menschen verursachten Katastrophen spürbar. Durch die Fehler besann man sich wieder auf die alten

Werte im Umgang mit der belebten Natur und zog daraus eine Lehre: strenge Umweltvorschriften und die weltweit fortschrittlichste Technologie bei der Giftmüllentsorgung.

Streben nach Verfeinerung

„Leben ist Lernen, und fürs Lernen ist man niemals zu alt", sagt eine Lebensweisheit in Japan. Das ist eine wohl weit verbreitete Ansicht der Japaner über die Arbeit und das Lernen. Lernen ist ein selbstständiger, geistiger und körperlicher Aneignungsprozess. Der Lernprozess hängt vor allem vom eigenen Willen ab. Man kann aufhören zu lernen. Aber solange man lernbereit ist, hat das Lernen kein Ende. Die Japaner bemühen sich stets um die Fortbildung der eigenen Fähigkeit. Die umfassende Lernbereitschaft führt zur Entdeckung von Unvollkommenheiten in der Arbeit oder Verbesserungsmöglichkeiten in der Produktion. Ein Arbeiter oder Handwerksgeselle spricht ganz offen von sich als noch unerfahren, obwohl er bereits über Jahrzehnte in seinem Beruf tätig ist. Man betrachtet sich selbst lange Zeit seines Arbeitslebens nicht als „vollwertigen Arbeiter" (Ichinin-mae). Es ist keineswegs falsche Bescheidenheit, wenn Arbeiter oder Handwerker in Japan sich als unerfahren und „Hannin-mae (halbwertige Arbeitskraft)" bezeichnen, denn sie haben ein hohes Ideal und einen Vollkommenheitsanspruch in Bezug auf ihre Tätigkeit. In diesem Sinne sind die japanischen Arbeiter und Handwerker Idealisten, obwohl sie reale Probleme an ihrem Arbeitsplatz fast immer pragmatisch lösen. Sie lassen sich von der Unvollkommenheit jedoch nicht deprimieren, weil sie wissen, dass ein Menschenwerk niemals vollkommen sein kann. Sie kennen die Grenzen ihrer Fähigkeiten, aber sie trachten unermüdlich danach, eine mögliche Perfektion zu erreichen. Ein Handwerksmeister strebt unaufhörlich nach Vollkommenheit, auch an Tagen, an denen er eigentlich mit seiner Arbeit zufrieden sein könnte. Die Meister des Handwerks werden im Japanischen respektvoll „Takumi" genannt, das wörtlich Feinheit, Vollkommenheit und Perfektion bedeutet. Es gibt einen alten Sinnspruch: „Saibu-ni kami yadoru." Das bedeutet, dass in kleinsten Details Gottheiten verborgen sind, nicht der Teufel. Und eine perfekte Arbeit heißt Kami-waza (das Werk von Gottheiten). Der Gelehrte Suzuki Shigetane (1812–63) vertrat die traditionell shintoistische Weltanschauung, dass der Reisanbau ursprünglich die Arbeit der Jahresgottheiten war. Jeder Bauer bestellt somit die Reisfelder im Auftrag von Jahresgottheiten und arbeitet in deren Vertretung. (Mitsuhashi 2007, S. 101) Deshalb manifestiert sich in der alltäglichen Feldarbeit die untrennbare Verbindung von Menschen und Gottheiten. Diese Weltanschauung und dieses Menschenbild lassen sich auf weitere Berufsfelder übertragen. Ein Handwerker versucht die Arbeit der Gottheiten zu vergegenwärtigen, indem er selbst die kleinsten und unauffälligen Stellen seines Produkts nicht vernachlässigt. Diese Einstellung zu Arbeit führt häufig zur Verfeinerung handwerklicher Fertigkeiten. Durch bessere Produkte gewinnen Handwerker und Arbeiter große Anerkennung und das Vertrauen der Verbraucher. Japanische Handwerker sind stolz auf ihre Arbeit, aber sie zeigen ihren Stolz gewöhnlich nicht nach außen. Und in Anbetracht ihres hohen Ideals können sie nicht anders als immer bescheiden sein.

Schutzgottheiten der Familie

In der traditionellen Weltanschauung der Japaner werden alle Familienangehörigen nach dem Tod im Jenseits wieder beisammen sein. Diese uralte Vorstellung hat sich heute kaum geändert. Und bis in die Gegenwart ist der Brauch lebendig, dass ein Verstorbener feuerbestattet und die Urne mit der Asche im Familiengrab mit den Urnen der Vorfahren zusammen aufbewahrt wird. So ist man noch nach dem Tod als Familie beieinander. Zum Familienkreis gehörten im Prinzip die Blutsverwandten, aber die Blutsverwandtschaft war nicht ausschlaggebend für die Unterscheidung von Familienangehörigen und Fremden. Wie anlässlich der Begräbnisse der engsten Mitarbeiter in alten Handelsunternehmen Mitsui und Sumitomo gesehen, waren die Menschen, die zum Fortbestehen des Familienbetriebs beigetragen hatten, Angehörige des Hauses.

Der Tag eines frommen Japaners beginnt mit einer kurzen Andacht vor dem Hausaltar. Jeden Morgen in aller Frühe eine Schale mit Tee auf dem buddhistischen Altar darzubringen und eine kurze Andacht zu halten, ist Brauch. Fast in jedem Haus gibt es einen oder zwei Hausaltäre: Der eine ist der buddhistische und der andere der shintoistische. Auf den buddhistischen Altar (Butsudan), der als Schrank mit Flügeltüren aus massivem Holz gestaltet ist, werden eine kleine Buddha-Statue, ein Namensschild und ein Foto des Verstorbenen gestellt. Das Gespräch mit dem Verstorbenen findet nur vor dem buddhistischen Altar statt, und die Hinterbliebenen tragen mit Andacht vor dem Altar morgens und abends die Sorgen und Freuden der Familie vor. So führen sie täglich zu Hause Gespräche mit den Verstorbenen. Wie bei der Namensübertragung bereits gesehen, verkündet ein Nachfolger seinen verstorbenen Vorfahren am buddhistischen Altar zu Hause, dass er den Geist des Meisters empfangen hat. Die fortwährende Verbundenheit der Lebenden mit den Toten, die sich im alltäglichen Gebet bestätigt, wird außerdem durch viele Gedenkfeiern und Übergangsriten gestärkt.

Am shintoistischen Altar (Kamidana, siehe Abb. 4.3) wird das Kollektiv der Vorfahrengottheiten verehrt, die für die Fruchtbarkeit und das Gedeihen der Familie sorgen. Der Kamidana ist recht schlicht. Auf einem einfachen Zedernbrett steht ein kleiner Schrein. Vor dem Altar wer-

4 Religiöse Wurzeln der japanischen Werte

Abb. 4.3 Kamidana (links oben) und Brennofen in der über 400 Jahre alten Töpferei „Chinjukan" (Wiedergabe mit freundlicher Zustimmung von Familie Chinjukan)

den Trinkwasser in zwei Wasserkrügen, Salz und frisch gekochter Reis dargebracht. Der Kamidana kann bei einem großen Schrein erworben werden. Fast in allen Geschäften und Handwerksstätten findet sich ein shintoistischer Altar: In einer Sake-Brauerei gibt es einen Altar über einem riesengroßen Fass, in einer Schmiede einen über dem Feuerherd und in einer Töpferei einen über dem Brennofen. Seit alters glaubte man, dass im Sake-Fass, im glühenden Ofen und im Schmelztiegel die unsichtbaren Gottheiten wirken. Auch wenn die großen Meister mit bestem Wissen und Gewissen an ihrem Werk arbeiten, sind sie der Ansicht, dass der letzte Schliff immer von den Gottheiten vollbracht wird. Ohne ihren Segen gäbe es kein gelungenes Werk. In diesem Glauben bittet der Hausherr bei den Vorfahrengottheiten um Schutz und Gedeihen des Betriebs. In den kleinen Handelsbetrieben steht im Büro oder in der Werkstatt fast immer ein einfacher Kamidana; global agierende Großunternehmen hingegen haben ihren hauseigenen Schrein auf dem Betriebsgelände. In den Geschäftsvierteln in Tokyo und Osaka, wo zumeist international tätige Großunternehmen ihren Hauptsitz haben, sind betriebseigene Shinto-Schreine oft auf der obersten Ebene der Hochhäuser zu finden. Die neu gegründeten Unternehmen der IT-Branche errichten gewöhnlich auch im Büro einen Kamidana und beten täglich vor Arbeitsbeginn und bei einer wichtigen Entscheidung um den Beistand der Schutzgottheiten.

Schutzgottheiten des Gewerbes

Ein Kaufmannsbetrieb verehrt normalerweise neben seinen Vorfahrengottheiten noch Gewerbeschutzgottheiten. Wie bereits bei der Zweigniederlassung gesehen, wird der Vorfahren des Mutterbetriebes auch in den Filialbetrieben als Schutzgottheiten gedacht, obwohl sie keine echten Blutsverwandten sind. Darüber hinaus verehrt ein Familienbetrieb weitere Schutzgottheiten, die den jeweiligen Berufsgruppen und Gewerben Segen bringen. Jeder Familienbetrieb in Handel und Handwerk betet täglich zu seinen Familien- und Gewerbeschutzgottheiten um das Fortbestehen des Betriebes. Für die Baugewerbe fungiert als Gewerbeschutzgottheit der Prinzregent Shotoku Taishi, der das Harmoniegebot verkündete und Zimmerleute aus Korea zum Tempelbau nach Japan eingeladen hatte. Die Gottheit Kana-yama-hiko-no-kami wird von den Schmieden verehrt, und die Apothekerzunft betet zu einer Gottheit für Naturheilmittel aus dem Taoismus. Diese Gewerbeschutzgottheiten werden seit Jahrhunderten von Gilden und Zünften auf ihren Gewerbefesten verehrt. Die im Jahr 1878 gegründete Tokyoter Börse hat ihren Hauptsitz in Kabuto-cho und ist einer der Stammgläubigen des alten Ka-

4 Religiöse Wurzeln der japanischen Werte 183

buto-Schreins. Der Schrein ist drei Gottheiten gewidmet, vor allem die Hauptschutzgottheit ist seit Anbeginn für ein gutes Geschäft wirkungsvoll. Heute noch besuchen die Börsianer täglich diesen Schrein und beten für einen erfolgreichen Handel.

Durch die traditionellen Bräuche und Riten rund um den Reisanbau, aus welchen der Shintoismus entstand, werden Gemeinschaftssinn und Gruppenzugehörigkeit immer wieder gestärkt. Das ganze Jahr hindurch gibt es eine Vielzahl shintoistischer Feste, Riten und Prozessionen. Die Feste und Prozessionen heißen Matsuri. Die Matsuri unterscheiden sich je nach Jahreszeit und Region ein wenig, immer aber werden sie unter großer Beteiligung der Einwohner kollektiv begangen. All diesen Feierlichkeiten gemeinsam sind Gemeinschaftssinn und Zugehörigkeitsgefühl. Das Dorffest wird traditionell von einem Gemeinderat der Ortschaft organisiert und durchgeführt. Der Verlauf der Riten und Prozessionen, der bis ins kleinste Detail festgelegt ist, wird jedes Mal dem Protokoll getreu umgesetzt. Man bittet innigst um das Wohlergehen der Familie, das Gedeihen der Firma und um reiche Ernte oder den Schutz vor Naturkatastrophen. Zahlreiche Großunternehmen haben ihren Hauptsitz im Stadtzentrum Tokyos, wo sich um den Kaiserpalast herum die Ministerien und Behörden befinden. Hier arbeiten tagsüber Millionen Angestellte und Beamte, die Anzahl der im Stadtzentrum tatsächlich wohnhaften Einwohner ist jedoch recht klein, weil die Immobilienpreise für einen Normalverdiener unbezahlbar sind. Deshalb werden die traditionellen Gemeindefeste in der Stadtmitte gegenwärtig überwiegend von Tausenden Angestellten der Großunternehmen mitgestaltet und gefeiert. Die Unternehmen sind seit den letzten Jahrzehnten Stammgläubige der zahlreichen Schreine im Stadtzentrum und wichtige Träger der Gemeindefeste. Beispielsweise hat der Kanda-Myojin-Schrein, der Taira-no-masakado als eine seiner Schutzgottheiten verehrt, mehrere Großunternehmen als Stammgläubige. Taira war ein kaiserlicher Nachkomme und herausragender Heerführer in Ostjapan, der im 10. Jahrhundert die Aufstände der Wehrbauern gegen die sich bereichernden Zöllner der Kaiserregierung anführte. Die Führungskraft und der Kampfgeist Tairas faszinieren und motivieren die Unternehmen in unserer Zeit noch immer.

Die Unternehmen und Betriebe feiern im Frühling und Herbst zusammen mit den Einwohnern die Hochfeste ihrer Schreine. Jedes Jahr begehen sie auch feierlich den Gründungstag der Betriebe unter Leitung von Shinto-Priestern, die den Schutzgottheiten Dank sagen und um Erfolg und Gedeihen bitten sowie um Schutz der Mitarbeiter vor Betriebsunfall. Nach einer Festrede des Vorstands feiert die Belegschaft gemeinsam fröhlich mit einem Festessen und Sake. Zahlreiche Unternehmen verehren neben den traditionellen Gewerbeschutzgottheiten im Betriebsschrein auch den verstorbenen Gründer und verstorbene Mitarbeiter als Schutzgottheiten des Betriebes. Ein Großunternehmen für Seifen und Kosmetika in Tokyo (Kao) zum Beispiel verehrt im eigenen Schrein neben traditionellen Schutzgottheiten für guten Handel auch den verstorbenen Gründer und alle Mitarbeiter, die im Zweiten Weltkrieg gefallen sind, als Betriebsschutzgottheiten. Auf dem heiligen Berg Koyasan, dem Hauptsitz der buddhistischen Shingon-Schule, befindet sich ein riesengroßer Friedhof, auf dem seit dem 9. Jahrhundert Hochadel, Shogune, Reichsverweser, Patriarchen aus allen religiösen Schulen und große Feldherren der japanischen Geschichte ruhen (siehe Abb. 4.4). Sie sind schon längst zu Schutzgottheiten Japans geworden.

4 Religiöse Wurzeln der japanischen Werte

Abb. 4.4 Grabstätten auf dem heiligen Berg Koyasan

Auf *demselben* Friedhofsgelände gibt es aber auch Gedenkstätten, in denen einfacher Handwerker, Ingenieure und Manager unserer Zeit gedacht wird. Große Handelsbetriebe, seit der ersten Industrialisierung im 19. Jahrhundert führende Elektrounternehmen und seit dem 20. Jahrhundert auch einige Autohersteller, haben hier ihre betriebseigenen Gedenkstätten errichtet, wo jährlich aller Mitarbeiter gedacht wird, die im Betrieb mit Leib und Seele tätig waren. Traditionsreiche und angesehene Unternehmen vergessen die Verdienste ihrer Mitarbeiter nicht, die sich besonders für den Aufbau der Unternehmen aufopferten. Sie bringen ihren Mitarbeitern nach dem Tod noch besonderen Dank zum Ausdruck und beten für ihren Seelenfrieden und auch um den Schutz des Betriebs. Auf diesem Friedhof in Koyasan spürt man weniger die Vergänglichkeit des Lebens als vielmehr die ungebrochene Tradition und die Lebendigkeit des Glaubens.

Literatur

Elias, Nobert. 1988 (14. Aufl). *Über den Prozess der Zivilisation. Bd 1 Wandlungen des Verhaltens in den weltlichen Oberschichten des Abendlandes.* Frankfurt am Main: Suhrkamp Verlag.

Iwamura, Tamayo. 2006. *Leben und Glauben in Japan.* Bonn: Bouvier.

Küng, Hans. 1994 (10. Aufl). *Existiert Gott? Antwort auf die Gottesfrage der Neuzeit.* München: Deutscher Taschenbuch Verlag.

Mitsuhashi, Takeshi. 2007. *Shinto no Joshiki ga wakaru Shojiten.* Tokyo Kyoto: PHP Kenkyujo.

Yamamoto, Shichihei. 2006. *Nihonjin towa Nani ka.* Tokyo: Shodensha.

Schlusswort

Sie haben nun eine hoffentlich spannende Zeitreise in die über ein Jahrtausend alte Berufswelt Japans hinter sich und unterwegs tiefe Einblicke in die verborgene, faszinierende Lebenswelt gewonnen. Die traditionsreichen Betriebe handelten immer nach der Maxime, bei allem Respekt und Maß zu halten. In Zeiten der globalen Herausforderungen sind wir während und nach der COVID-19-Krise weltweit mehr denn je dazu aufgerufen, in unserem Umgang mit anderen Menschen und mit der Natur Respekt und Maß walten zu lassen.

Wenn Sie durch die Lektüre dieses Buches neue Anregungen und Erkenntnisse gewonnen haben, ist es mir eine wahre Freude.

GPSR Compliance
The European Union's (EU) General Product Safety Regulation (GPSR) is a set of rules that requires consumer products to be safe and our obligations to ensure this.

If you have any concerns about our products, you can contact us on

ProductSafety@springernature.com

In case Publisher is established outside the EU, the EU authorized representative is:

Springer Nature Customer Service Center GmbH
Europaplatz 3
69115 Heidelberg, Germany

www.ingramcontent.com/pod-product-compliance
Lightning Source LLC
LaVergne TN
LVHW020346260326
834688LV00045B/1555